Mosaik
bei GOLDMANN

Buch

Aschenputtel, Schneewittchen, Dornröschen – sie alle liegen schließlich in den Armen ihres Traumprinzen. Warum nicht daraus lernen? Wendy Paris spürt die sanften Hinweise auf, die in den Märchen stecken. Ausgehend von den Märchen, mit denen wir alle aufgewachsen sind, führt sie die Leserin/den Leser auf den ebenso vertrauten wie verschlungen-romantischen Wegen zum Ziel der großen Liebe. Sie wendet sich bewusst gegen die »kopfgesteuerte« und manipulative Art der modernen Partnersuche und stillt vielmehr die Sehnsucht nach wahrer, romantischer Liebe. Jedes Kapitel enthält die Zusammenfassung eines bekannten Märchens und leitet daraus kluge und unterhaltsame Liebeslektionen ab, die auch im wirklichen Leben auf märchenhafte Weise funktionieren. Und wenn sie nicht gestorben sind, lieben sie sich noch heute …

Autorin

Wendy Paris lebt und arbeitet als freie Journalistin in New York. Sie publiziert Artikel und Bücher zu den Themen Liebe, Heirat und Partnerschaft.

WENDY PARIS

Und sie lebten glücklich zusammen bis an ihr Ende

Was Sie aus bekannten Märchen für Ihre Liebe lernen können

Aus dem Amerikanischen
von Gabriele Zelisko

Mosaik
bei GOLDMANN

Umwelthinweis:
Alle bedruckten Materialien dieses Taschenbuches
sind chlorfrei und umweltschonend.

Deutsche Erstausgabe März 2002

Originaltitel: Happily Ever After
Originalverlag: HarperCollins Publishers, Inc., New York
Umschlaggestaltung: Design Team München
unter Verwendung folgender Fotos:
Umschlag und Umschlaginnenseiten:
Zefa/Nostalgia Collection
Redaktion: Elke Kreil
Satz: Barbara Rabus, Sonthofen
Druck: GGP Media, Pößneck
Verlagsnummer: 16377
kö · Herstellung: Max Widmaier
Printed in Germany
ISBN 3-442-16377-3
www.goldmann-verlag.de

1 3 5 7 9 10 8 6 4 2

Inhalt

Vorwort

»Das Leben ist ein einziger Kampf.« »Männer sind Schweine.« »Da draußen ist der Dschungel.« Solche schon oft gehörten Aussagen stellen Männer und Frauen in feindliche Lager, machen aus einer simplen Verabredung einen Feldzug und setzen den Weg zur Liebe einem heimtückischen Pfad voller Tretminen und Treibsand gleich. Jede Frau, die in einer Buchhandlung schon einmal eine Stunde vor den Regalen mit Ratgebern für Singles verbracht hat, dürfte endgültig davon überzeugt sein, dass es für sie nichts anderes mehr geben kann, als für immer und ewig allein zu bleiben, es sei denn, sie schaffte es tatsächlich, sich die perfekte Strategie zurechtzuschneidern, wie man einen Mann an Land zieht. Dafür bräuchte sie allerdings die Koketterie einer Bilderbuchschönheit mit allen begehrenswerten weiblichen Attributen, den Schlachtplan eines Armeegenerals und die Betreuung durch eine ganze Flotte von Psychologen, deren Spezialgebiet die Manipulation ist.

Diese gängigen Anleitungen gehen davon aus, dass nur emotionaler Krieg zu einer friedvollen Vereinigung führen kann, dass eine Frau einen Mann nur dann »bekommt«, wenn sie ihn im Glauben lässt, er könnte sie nicht haben. Taktisches Vorgehen bei Verabredungen bedeutet, was man tut ist wichtiger, als mit wem man es tut, auf das Individuum kommt es nicht an, den falschen Mann formt man sich im Lauf der Zeit schon noch zurecht, wenn man nur den Meißel richtig ansetzt.

Nur hat ein derart strategisches Vorgehen in Sachen Liebe einen Haken – es funktioniert nicht.

Es gibt nicht die eine richtige Taktik, um einen Mann zu erobern und zu halten. Jeder Mensch ist anders und jede Beziehung entwickelt sich nach ihren eigenen Regeln. Menschen haben unterschiedliche Geschichten und unterschiedliche Probleme. Glück und der richtige Zeitpunkt spielen ebenfalls eine Rolle. Das Schicksal schlägt unerwartet zu. Und Rendezvous verlaufen zu unvorhersehbar, als dass man sich dafür einen ultimativen Plan zurechtlegen könnte.

Ganz ähnlich verhält es sich übrigens in der Welt der Märchen. Märchen stammen aus Zeiten, in denen Wissenschaft im heutigen Sinne noch nicht betrieben wurde. Die Menschen hatten ein magisches Weltverständnis, das tägliche Leben erschien ihnen geheimnisvoll und dauernder Veränderung unterworfen. Im Märchen sitzt die weibliche Hauptperson immer in einem Turm fest oder sie wurde von zu Hause vertrieben. Sie soll unter willkürlichen Bedingungen schwierige Entscheidungen treffen und ist dabei auf die Hilfe von Menschen angewiesen, die in Tiere verwandelt wurden oder umgekehrt.

Entgegen der landläufigen Meinung sind die Heldinnen in Märchen keineswegs schwach oder passiv. Fast immer zeichnen sie ein edler Charakter, Tapferkeit und Optimismus aus. Nie wird man einer Märchenprotagonistin begegnen, die mit verbitterter Miene umherläuft oder das Schicksal verflucht, weil sie als Waisenkind einer eifersüchtigen, eitlen Stiefmutter ausgeliefert ist. Eine Märchenheldin zerbricht sich nicht lange den Kopf darüber, ob sie zu dem stattlichen Prinzen nun zu nett oder zu abweisend war. Sie weiß, dass sie durch ihr Handeln das Verhalten der anderen nicht beeinflussen kann. Sie versucht nicht, Menschen oder Ereignisse zu steuern. Vielmehr konzentriert sie sich auf das, was sie wirklich beeinflussen kann – ihren eigenen Charakter. In einer Welt voller Chaos hat sie ihr Erfolgsrezept gefunden: an der eigenen Überzeugung festhalten, egal wohin das Schicksal sie führt. Letzten Endes sind es ihre festen, unerschütterlichen Werte, ihr starker Charakter, die sie retten, und nicht der Prinz auf dem weißen Pferd.

Aus den jahrhundertealten Märchen können wir vieles lernen, wenn wir sie in neuem Licht betrachten. Jedes Kapitel in diesem Buch liefert eine Neuinterpretation eines klassischen Märchens und beschäftigt sich besonders damit, wie die Heldin ihren moralischen Prinzipien treu bleibt und am Ende die große Liebe findet. Im Märchen ist es stets wichtig, anderen mit Respekt und Höflichkeit zu begegnen, Eigenschaften also, die bei der heute üblichen, eher zynischen Suche nach Liebe nur allzu oft auf der Strecke bleiben.

Märchen plädieren auch für mehr Nachsicht gegenüber anderen und sich selbst, als es heutzutage bei der Partnersuche üblich ist. Oft rufen mich Freundinnen an, um mir den Verlauf einer Verabredung in allen Einzelheiten zu schildern, und sind von der Angst besessen, etwas »Falsches« gesagt oder getan und den Kerl damit in die Flucht geschlagen zu haben. Geschichten wie die von »Däumelinchen« oder »Gracieuse und Percinet« aber zeigen, dass es dieses »Falsche« gar nicht gibt. In Märchen machen die Leute oft Fehler. Es ist unmöglich, selbst perfekt zu sein, wenn es die Welt um einen herum nicht ist. Aber die Helden in den Märchen lernen aus ihren Fehlern, bemühen sich unverdrossen, nach ihrer Überzeugung zu handeln, und finden so am Ende ihr Glück.

Jedes der Märchen vermittelt uns eine ganz bestimmte Lektion, die ich besonders hervorgehoben habe. Aber darüber hinaus umfasst jedes Märchen natürlich weit mehr als nur einen Ratschlag. Vielleicht trifft bei einer bestimmten Geschichte ein ganz anderer Aspekt auf Sie und Ihre Suche nach dem Märchenprinzen viel besser zu. Außerdem enthält das Buch drei Geschichten, die uns vorführen, was passiert, wenn man die Märchenlektionen nicht befolgt.

Und glauben Sie keinem, der sagt, es gebe keine Märchenprinzen mehr. Ich treibe mich seit kurzem selbst wieder in der Single-Szene herum und stelle mit großem Erstaunen fest, welche Prinzenqualitäten so mancher Mann an den Tag legen kann. Es herrscht eine Zuvorkommenheit unter den Männern, die in einschlägigen Ratgebern überhaupt keine Erwähnung findet. Da draußen gibt es noch wahre Ritterlichkeit, wir brauchen nur genügend Selbstbewusstsein, sie einfach anzunehmen, und die Souveränität zu wissen, dass wir uns nicht zur Sklavin machen, wenn wir uns wie eine Prinzessin behandeln lassen.

Wenn wir uns bei unseren Rendezvous von den alten Märchen leiten lassen – das heißt unseren eigenen Werten treu bleiben und uns auf die Unwägbarkeiten neuer Bekanntschaften mit ungebrochenem Optimismus und Mut einlassen –, werden wir früher oder später feststellen, dass die Straße, die zu unserem Märchenschloss führt, keinerlei Schlaglöcher aufweist und dass wir unseren stattlichen Prinzen schon erkennen, sobald er des Weges kommt.

Male zuerst einen Käfig
mit einer offenen Tür
dann male
irgendetwas Hübsches
irgendetwas Einfaches
irgendetwas Schönes
irgendetwas Nützliches
was nur den Vogel angeht
dann lehne die Leinwand an einen Baum
in einen Garten
oder in einem Wäldchen
verbirg dich hinter dem Baum
ohne zu sprechen
ohne dich zu rühren …
Bisweilen kommt der Vogel bald
aber er kann ebenso gut viele Jahre brauchen
bis er sich dazu entschließt zu kommen
Verlier nicht den Mut
warte
warte wenn's sein muss jahrelang
denn der rasche oder langsame Anflug des Vogels
hat nichts zu tun
mit dem Gelingen des Bildes
Wenn der Vogel kommt
falls er kommt

so sei ganz still
warte, bis der Vogel in den Käfig schlüpft
und wenn er hineingeschlüpft ist
schließe mit dem Pinsel leise die Tür
dann wische nacheinander alle Gitterstäbe weg
wobei du keine einzige Feder des Vogels berühren darfst
Sodann male den Baum
und wähle den schönsten seiner Äste
für den Vogel
male auch das grüne Laub und den frischen Wind
den Sonnenstaub
und das Gesumm der Grastiere in der Sommerglut
und dann warte, ob der Vogel sich entschließt zu singen
Wenn der Vogel nicht singt
so ist es ein schlechtes Zeichen
Ein Zeichen dafür, dass das Bild schlecht ist
Aber wenn er singt, ist es ein gutes Zeichen
ein Zeichen, dass du das Bild mit deinem Namen
zeichnen darfst
dann zupfst du ganz sacht
eine Feder aus dem Vogelgefieder
und schreibst in eine Ecke des Bildes deinen Namen.

»Wie man einen Vogel malt« aus *Paroles*
VON JACQUES PRÉVERT

Aschenputtel

Verwaiste Schönheit
besorgt sich tolles Outfit und gibt
ihrem Leben eine Wende

Aschenputtel, eine Schönheit innerlich wie äußerlich, ist nach dem Tod des Vaters dem Wohlwollen der bösen Stiefmutter und der beiden Stiefschwestern ausgesetzt, die sie wie eine Dienstmagd behandeln.

Beim König steigt die Party des Jahrtausends. Natürlich ist Aschenputtel nicht eingeladen. Die böse Stiefverwandtschaft macht sich aber ihre künstlerische Ader zunutze und lässt sich von ihr für das große Fest herausputzen.

Da betritt die gute Fee die Szene, eine Modeberaterin und Magierin der alten Zeit, die aus Aschenputtel eine Claudia Schiffer im Valentino-Outfit macht. Ein zufällig herumliegender Kürbis wird zum Porsche, und Aschenputtel düst damit zum Ball.

Dem Prinz genügt ein einziger Blick auf Aschenputtel, und kein anderes Mädchen im Königreich interessiert ihn mehr. Er bittet sie um jeden Tanz. Auf Geheiß der Fee verlässt Aschenputtel um Mitternacht das Fest. In ihrer Eile hebt sie nicht einmal mehr den gläsernen Pantoffel auf, der ihr vom Fuß geglitten ist.

Als sie fort ist, ist der Prinz am Boden zerstört. Es ist, als habe sich ihr Bild in sein Gedächtnis eingebrannt. Er schickt seine Bediensteten mit dem gläsernen Pantoffel in der ganzen Stadt umher, um Aschenputtel zu suchen, und lässt öffentlich bekannt machen, dass er diejenige heiraten wolle, an deren Fuß der Pantoffel ganz genau passe.

Jede will einen Millionär, aber der Pantoffel passt nur Aschenputtel. Der Prinz eilt zu ihr an den Herd, hebt sie auf sein Pferd und nimmt sie mit, um fortan glücklich mit ihr zu leben.

Diese am häufigsten erzählte Version von »Aschenputtel« (»Cendrillon«) veröffentlichte 1697 erstmals der französische Schriftsteller Charles Perrault (unter dem Pseudonym seines 10-jährigen Sohnes). Perrault war auch der Erste, der eine Reihe allgemein bekannter, bis dahin aber nur mündlich überlieferter europäischer Märchen schriftlich festhielt. Die Geschichte von Aschenputtel könnte ihren Ursprung in China haben, wo früher ein kleiner Fuß als Schönheitsideal galt.

Aschenputtel – neu interpretiert

Richtig, Aschenputtel hatte die mieseste Arbeit weit und breit, aber sie verrichtete sie absolut gewissenhaft. Und sie vergeudete nicht viele Stunden mit sinnlosem Groll, Verbitterung und Selbstmitleid. Damit hätte sie sich nur ein Magengeschwür, unreine Haut und tiefe Furchen auf der Stirn eingehandelt. Sie wusste, dass »Aschenmädchen« lediglich ihre Berufsbezeichnung war, nicht aber ihr Lebensentwurf.

Als die gute Fee auftauchte, brachte Aschenputtel den Mut auf, die günstige Gelegenheit beim Schopf zu packen. Sie starrte die Fee nicht etwa argwöhnisch an und beklagte sich: »Du weißt ja, was sie immer sagen: ›Wenn etwas zu schön ist, um wahr zu sein, ist es vermutlich auch nicht wahr.‹ Lass mich doch bei meiner Asche! Ich habe mich daran gewöhnt, dauernd unzufrieden zu sein, und bin ganz glücklich damit.« Aschenputtel wusste ganz genau, dass sie es verdiente, Glück zu haben, auch wenn ihre Pechsträhne schon so lange andauerte, dass sich eine Frau mit weniger Standvermögen schon längst aufgegeben hätte.

Vor dem Ballsaal angekommen, versteckte sich Aschenputtel nicht etwa in ihrer Kürbiskutsche und heulte: »Aber niemand geht allein auf eine Party! Alle werden mich als Außenseiterin behandeln!« Sie nahm eine aufrechte Haltung ein und marschierte mit erhobenem Kinn durch die Tür.

Aschenputtel vertraute der Wirkung eines perfekten Äußeren.

Sie verschwendete keine Zeit damit, ihren Stiefschwestern in ihren Designer-Fummeln abfällige Blicke zuzuwerfen. Sie wusste, dass die beste Rache darin besteht, sich so gut zu amüsieren, dass man an Vergeltung überhaupt nicht mehr denkt.

Als der Prinz sie zum Tanzen aufforderte, lief Aschenputtel nicht mit einem spitzen Aufschrei in die Damentoilette, um den Lippenstift nachzuziehen. Sie tanzte einfach mit ihm. Während sie sich in seinen Armen drehte, zeigte sie keinerlei Anflug von Unsicherheit und hatte es auch nicht nötig, ihr Selbstwertgefühl durch Kritik an ihm zu stärken, etwa indem sie sagte: »Ein Königreich erben kann jeder. Ich verdiene mir meinen Lebensunterhalt selbst.«

Schlag Mitternacht klammerte sie sich nicht an den Prinzen und flehte ihn nicht an: »Rette mich aus meinem elenden Leben!« Sie vertraute darauf, dass er sich schon melden würde, wenn sie ihm wirklich etwas bedeutete.

Was er selbstverständlich auch tat. Und als er auftauchte, hörte sie nicht auf ihre Freundinnen, die der Reihe nach anriefen und sagten: »Warum nimmt er nicht eine aus seinen Kreisen? Bitte versteh es nicht falsch, Aschenputtel, aber irgendetwas muss doch faul an ihm sein, wenn die ganzen adeligen Tussis nicht mit ihm ausgehen?« Aber sie selbst kannte die feinen Nuancen ihrer Beziehung besser als ihre Freundinnen, und statt auf den Klatsch zu hören, vertraute sie lieber auf die Erfahrungen, die sie selbst mit diesem Mann gemacht hatte.

Als der Prinz auf dem weißen Pferd angaloppierte, sagte Aschenputtel nicht: »Nun mal halblang, mein Lieber, ich kann sehr gut selbst fahren!« Wenn es ihm so wichtig war, sie auf dem Pferd zu entführen, dann machte sie ihm eben die Freude.

Aschenputtel – was Sie daraus lernen können

- Vertrauen Sie auf Ihre inneren Werte, egal wie unbedeutend Ihnen Ihre Lebensumstände erscheinen.
- Seien Sie nicht misstrauisch, wenn etwas zu schön ist, um wahr zu sein – es kann trotzdem wahr sein.
- Haben Sie keine Hemmungen, allein auf Partys zu gehen.
- Unterschätzen Sie nie die Wirkung des passenden Outfits.
- Konzentrieren Sie sich darauf, Ihr eigenes Glück zu finden, statt sich für längst vergangene Kränkungen zu rächen.
- Trauen Sie sich hinaus auf die Tanzfläche!
- Lassen Sie sich aus eigener Unsicherheit nicht dazu hinreißen, über andere zu lästern.
- Halten Sie Ihre Verpflichtungen und Zusagen anderen gegenüber ein, auch wenn ein attraktiver Kerl die ganze Nacht nur mit Ihnen tanzen möchte.

- Hören Sie nicht auf Gerüchte und Zweifel von misstrauischen Freundinnen und Freunden. Beurteilen Sie einen Menschen auf Grund Ihrer eigenen Erfahrungen.

- Arbeiten Sie darauf hin, selbst Ihr bester Ratgeber zu werden.

- Wenn ein Mann Sie auf Händen tragen will, lassen Sie ihn. Nur weil er zuvorkommend ist, heißt das nicht, dass er von Ihnen verlangen wird, Ihren Job an den Nagel zu hängen und Socken zu stricken.

Erste Märchenlektion:

Lassen Sie sich von Enttäuschungen in der Vergangenheit nicht die Hoffnung auf mehr Glück in der Zukunft zerstören. Haben Sie Mut und glauben Sie an ein besseres Leben.

Die Prinzessin auf der Erbse

Königlicher Schmerz
enthüllt dem Prinzen die Wahrheit
und zeigt ihm die richtige Wahl

Ein Prinz will heiraten. Er trifft sich mit allen Prinzessinnen der Welt, aber keine einzige entspricht seinen exakten (wenn auch etwas ungewöhnlichen) Vorstellungen, wie eine »richtige« Prinzessin zu sein hat.

Als er, wieder nach Hause zurückgekehrt, in einer Regennacht niedergeschlagen und mit Leidensmiene im Schloss umherläuft, hört er ein Klopfen am Tor. Vor ihm im Regen steht eine junge Frau, triefnass von Kopf bis Fuß. Sie behauptet, eine echte Prinzessin zu sein.

Der König und die Königin nehmen sie für eine Nacht bei sich auf. Die Königin will herausfinden, ob die angebliche Prinzessin auch wirklich echt ist. Sie legt eine Erbse unter die Matratze im Gästezimmer, schichtet zwanzig Matratzen darüber und legt dann noch zwanzig Eiderdaunendecken darauf.

Als sie am nächsten Morgen gefragt wird, ob sie gut geschlafen habe, beklagt sich die Prinzessin über etwas Hartes in ihrem Bett. Sie habe die ganze Nacht kein Auge zugetan und sei über und über grün und blau. (Merkwürdigerweise verliert sie kein Wort darüber, dass sie hoch oben auf einem schwankenden Turm aus Bettzeug schlafen musste.)

Das ist der Beweis! Sie ist so empfindlich, dass sie durch all diese Matratzen eine Erbse gespürt hat. Sie muss einfach eine echte Prinzessin sein! (Der Prinz ist überzeugt.) Endlich! Und genau in dem Moment, als er am wenigsten damit gerechnet hat. Er heiratet die Prinzessin, und sie leben für alle Zeiten, ziemlich empfindlich zwar, aber glücklich zusammen.

»Die Prinzessin auf der Erbse« (»Prindsessen paa Ærten«) wurde von Hans Christian Andersen niedergeschrieben und 1835 auf Dänisch veröffentlicht. Die Geschichte basiert auf einer volkstümlichen Erzählung, die Andersen als Kind gehört hatte. Als Sohn eines armen Schusters und einer Wäscherin gefiel Andersen vor allem die Idee, innerer Adel sei unabhängig von einer ärmlichen äußeren Erscheinung.

Die Prinzessin auf der Erbse – neu interpretiert

Gut, die Geschichte ist im Grunde lächerlich. Man taucht nicht ungebeten und triefend nass in einem fremden Schloss auf und bittet um eine Übernachtungsmöglichkeit. Das ist nicht nur ungehobelt, es lässt auch auf eine Unmenge persönlicher Probleme schließen. Warum läuft die Frau mitten in der Nacht allein im Regen herum? Haben sie die Eltern, der Freund, die Mitbewohner vor die Tür gesetzt? Hat sie vergessen, ihre Medikamente zu nehmen, und irrt nun in einem Anfall geistiger Umnachtung im Regen umher? Ist sie eine gerissene Diebin, die darauf hofft, dass ihr das unwirtliche Wetter und der Charme ihrer verlotterten Erscheinung Einlass verschaffen? Was ist wirklich mit ihr los?

Doch damit nicht genug. Wenn die Schlossbesitzer schon über die deutlichen Warnsignale hinwegsehen und ihr eine Übernachtungsmöglichkeit anbieten, gehört es sich ganz und gar nicht, sich beim Frühstück über das Schlafzimmer zu beschweren. Wenn man in der Not um Obdach bittet, kann man nicht das »Vier Jahreszeiten« erwarten. Und schon gar nicht, wenn man ohne Gastgeschenk auftaucht. Diese Prinzessin hat wirklich erbärmliche Manieren.

Das ist meine Ansicht, aber offenbar nicht die des Prinzen. Er hatte seine eigenen Vorstellungen, was eine Prinzessin ausmacht: Überempfindlichkeit gegenüber kaum wahrnehmbaren Gegenständen war ihm wichtiger als ein sonniges Gemüt oder ein Mindestmaß an Dankbarkeit.

Die Prinzessin tauchte vor dem Schloss auf und behauptete, von adeliger Abstammung zu sein, obwohl sie wie eine Streunerin aussah. Sie hatte keinen Schnappschuss von ihrem Burggraben und ihrer Zugbrücke einstecken und trug keine glitzernde Krone auf dem Kopf. Aber sie vertraute darauf, dass ihr innerer Adel aus ihr leuchten würde, auch ohne stichhaltige Beweise oder Abstammungsurkunde.

Die Prinzessin machte nicht einmal ansatzweise den Versuch, ihr Auftreten der Situation anzupassen. Sie hätte ja zum Beispiel auch so tun können, als sei sie pflegeleicht und unbeschwert, um den Prinzen um den Finger zu wickeln. Sie wusste einfach, der richtige Mann würde sie genau so lieben, wie sie war. Er würde ihre heikle Art als Zeichen ihrer feinen Herkunft werten und ihre Nörgeleien als einer Königin angemessen betrachten.

Die Prinzessin auf der Erbse – was Sie daraus lernen können

- Machen Sie sich bewusst, welche Charaktereigenschaften Sie sich bei einem Mann wünschen, und warten Sie, bis einer kommt, der diese Qualitäten besitzt.

- Keine Person wirkt auf alle Menschen gleich attraktiv. Wenn ein Mann sich Ihnen gegenüber abweisend zeigt, gilt das noch lange nicht für alle anderen.

- Haben Sie Vertrauen, dass Ihre inneren Werte nach außen strahlen, auch wenn nach einer überstandenen Sturmflut Ihre Frisur ruiniert, die Wimperntusche verschmiert und die Wangen zerkratzt sind und Sie aussehen wie eine Komparsin aus einem Abenteuerfilm.

- Richten Sie Ihr Verhalten nicht bewusst darauf aus, sich einen Mann zu angeln. Was, wenn Sie tatsächlich einen an Land ziehen? Wollen Sie sich dann ein Leben lang das Lachen oder die Wahrheit verkneifen, und das alles für jemanden, den Sie vielleicht gar nicht leiden können?

»Das höchste Glück im Leben besteht in der Gewissheit, um seiner selbst willen geliebt zu werden, oder genauer gesagt, trotz seiner selbst.«

VICTOR HUGO, französischer Schriftsteller des 19. Jahrhunderts, Verfasser von *Die Elenden* und *Der Glöckner von Notre-Dame*

Zweite Märchenlektion:

Es gibt jemanden, dessen Idealvorstellung Sie entsprechen, so wie Sie sind. Warten Sie, bis Sie diesem Menschen begegnen.

Die kleine Seejungfrau

(Eine abschreckende Geschichte)

Wasserprinzessin ertrinkt in einem
Meer aus unerwiderter Liebe
oder
Die Anatomie des verheirateten Mannes

Die kleine Seejungfrau, berühmt für ihre Schönheit und ihren lieblichen Gesang, lebt zusammen mit ihren fünf Schwestern und ihrem Vater, dem Seekönig, in einem wunderbaren Palast auf dem Meeresgrund. Doch obwohl ihr der Palast alles bieten könnte, was sich ein Seejungfrauenherz nur wünscht, ist sie von der Idee besessen, an Land zu leben.

Eines Tages versenkt ein gewaltiger Sturm eine königliche Yacht. Die kleine Seejungfrau sieht, wie ein schöner Menschenprinz ohnmächtig in die stürmischen Wogen stürzt. Auf Anhieb verliebt sie sich in ihn. Sie schwimmt durch das Schiffswrack, rettet ihm das Leben und gleitet ins Meer zurück.

Wieder daheim in ihrem Wasserreich liegt die Seejungfrau vor lauter Liebeskummer nur noch flach auf dem Rücken im Sand herum. Sie weiß, dass Menschen nicht unter Wasser leben und Seejungfrauen an Land nicht laufen können. Außerdem versichert ihr jeder, Männer würden Mädchen mit schuppigen Schwänzen keine Avancen machen.

Aber sie hält die Sehnsucht nach dem schönen Prinzen nicht mehr aus und sucht bei einer bösen Hexe Rat. Die

Hexe erklärt sich bereit, den Schwanz in zwei Teile zu teilen und in die Beine einer Revuetänzerin zu verwandeln, unter der Bedingung, dass sich die Seejungfrau die Zunge herausschneidet. Wer braucht schon zu sprechen (oder zu singen), wenn er gehen kann? Und was macht es schon aus, wenn man bei jedem Schritt das Gefühl hat, auf Glasscherben zu treten?

Aber die Beine haben noch einen anderen Preis: Sollte sich der Prinz nicht in die Seejungfrau verlieben und sie heiraten, muss sie sterben und wird zu Meeresschaum.

Als der Prinz die verwandelte Seejungfrau zu Gesicht bekommt, macht er sie zu seiner ständigen Begleiterin. Sie unternehmen alles gemeinsam, reiten, tanzen, wandern. Da sie nicht sprechen kann (oder schreiben oder sich mit Gebärdensprache verständigen), unterhalten sie sich eben gar nicht. Aber sie versucht, ihre Gedanken und Gefühle mit den Augen auszudrücken.

Für die ehemalige Seejungfrau ist jeder Tag eine Mischung aus Freude (sie ist mit dem Prinzen zusammen!) und Schmerz (jeder Schritt bereitet ihr Höllenqualen; sie vermisst ihre Familie; wird er jemals um ihre Hand anhalten?).

Eines Tages beschließt der Prinz zu heiraten – irgendeine menschliche Prinzessin, die sprechen kann. Die kleine Seejungfrau vergeht zu Meeresschaum.

»Die kleine Seejungfrau« (»Den lille Havfrue«) von Hans Christian Andersen wurde 1837 zum ersten Mal veröffentlicht. In der Disney-Version verzaubert die Hexe auch den Prinzen. Nachdem der Zauber gebrochen ist, erhält die kleine Seejungfrau ihre Stimme zurück und heiratet den Prinzen. Doch bei Hans Christian Andersen endet die Geschichte nicht glücklich, ihm ging es um die Tragik unerwiderter Liebe.

Die kleine Seejungfrau – neu interpretiert

Der kleinen Seejungfrau war die Welt der Menschen wichtiger als ihre eigene, das Unbekannte schätzte sie mehr als das Vertraute. Ihre eigenen Gaben nahm sie als selbstverständlich hin und war nicht in der Lage, sie ebenso zu würdigen wie das, was für sie unerreichbar war.

Ihre unerfüllte Sehnsucht nach dem Prinzen trieb sie dazu an, über sich selbst und ihre Welt hinauszuwachsen und aus der Tiefe emporzusteigen. Ihre Liebe zu diesem Prinzen jedoch beruhte größtenteils auf ihrer ganz eigenen Vorstellung von den Menschen, die sie ihr Leben lang gehegt hatte.

Sie gab dem Prinzen gar nicht erst die Chance, sie zu lieben, wie sie war. Sie hätte zum Palast hochschwimmen und ihn mit den ihr eigenen Vorzügen verführen können: ihrer Schönheit, ihren Kenntnissen in Ozeanographie, dem goldenen Haar, das wie Seetang im Wasser wogte. Aber sie traute dem Prinzen nicht zu, dass er über ihren Fischschwanz hinweg ihr wahres Ich erkennen könnte, und besaß nicht genügend Selbstbewusstsein, um es wenigstens zu versuchen.

Und warum gleich zu dieser bösen Hexe rennen, sobald es ein bisschen kompliziert wurde? Wie viele Märchen enden tragisch, nur weil sich die Protagonistin von ihrer Leidenschaft hinreißen lässt und den Rat von Familie und Freunden in den Wind schlägt – und obendrein die eigenen Wertvorstellungen!

Die kleine Seejungfrau opferte mit ihrer Singstimme eine ihrer stärksten Waffen und einen lebenswichtigen Teil ihrer Identität – und das alles für einen Mann.

Noch dazu verzichtete sie auf ihre Sprechstimme, weil sie glaubte, tolle Beine wären eine bessere Basis für eine stabile Beziehung als eine Verbundenheit in Gefühl und Geist.

Die kleine Seejungfrau war bereit, eine Beziehung zu akzeptieren, für die sie sich erst einmal selbst verändern musste, um den Mann überhaupt für sich zu »gewinnen«.

Die kleine Seejungfrau – was Sie daraus lernen können

- Erkennen Sie das Schöne und Wichtige in Ihrem eigenen Leben. Halten Sie Ihr Leben nicht für unbedeutender als das anderer Leute, von dem Sie meistens eine Idealvorstellung haben. Die Früchte auf der anderen Seite des Zaunes sehen immer leckerer aus …

- Unerwiderte Schwärmerei hat einen unangenehmen Beigeschmack von mangelndem Selbstwertgefühl und der Projektion unerfüllter Wünsche. Wie können Sie ernsthaft Achtung vor jemandem empfinden, der nicht erkennt, was für eine großartige Person Sie sind? Gewöhnen Sie sich an, jemandes Interesse an Ihnen als seine attraktivste Eigenschaft zu betrachten.

- Wenn Sie hinter jemandem her sind, der eine Ihrer wesentlichen Eigenschaften, wie zum Beispiel Ihren wunderschönen, irisierenden Schuppenschwanz, völlig unattraktiv findet, dann ist er nicht Ihr Prinz.

- Verfallen Sie auf der Suche nach Liebe nicht auf abwegige Strategien. Wenn Ihnen Taktieren fehl am Platz scheint, vertrauen Sie Ihrem Gefühl und lassen Sie es bleiben.

- Schneiden Sie sich nicht für jemanden die Zunge heraus! Sie dürfen auf keinen Fall Ihre Stärken für eine andere Person aufgeben. Wenn eine Liebesaffäre nur dann Bestand hätte, wenn Sie ein bisschen *weniger* Sie selbst wären, schwimmen Sie besser auf und davon.

- Sich gegenseitig attraktiv finden ist eine Grundvoraussetzung, aber zu einer dauerhaften Beziehung gehören auch echte Kommunikation und emotionale Verbundenheit.

- Ziehen Sie zumindest in Erwägung, es einmal mit jemandem zu versuchen, dessen Lebensumfeld dem Ihren wenigstens so weit entspricht, dass bei einer Verbindung nicht einer von Ihnen gleich sein ganzes bisheriges Leben aufgeben muss.

Die kleine Seejungfrau – einmal andersherum interpretiert

Sich in eine Seejungfrau zu verlieben ist, wie sich in einen Mann zu verlieben, der verheiratet ist oder in einer festen Beziehung lebt. Stellen Sie sich vor, Sie selbst seien die Menschenprinzessin und der verheiratete Mann sei die Seejungfrau oder eben der Wassermann. Der Teil, den Sie lieben, ist die menschliche Hälfte, das, was Sie kennen und über Wasser sehen, wenn er mit Ihnen zusammen ist. Aber er führt auch noch ein völlig anderes Leben unter der Wasseroberfläche, das Sie nicht sehen, an dem Sie nicht teilhaben können und von dem Sie eigentlich auch nichts wissen wollen. Sie nehmen nur seine menschliche Hälfte wahr und versuchen sich alles wegzudenken, was unterhalb der Taille liegt.

Das Bild, das Sie sich von diesem Mann machen, entspricht nicht der Realität. Wenn er ein Wassermann ist, führt er bereits ein Leben unter Wasser, und daran werden Sie nichts ändern, so sehr Sie es sich auch wünschen. Er müsste dieses Leben, seine Frau und Familie (falls er Kinder hat) aufgeben, um mit Ihnen an Land leben zu können. Aber selbst wenn Sie ihm eine verlockende Alternative böten, sähen Sie immer nur die menschliche Hälfte, die Hälfte, die er Ihnen zeigt. Eine Chance für ein gemeinsames Leben mit ihm bestünde nur, wenn es eine Möglichkeit gäbe, seinen Fischschwanz in Beine zu verwandeln, ohne dass er sich dafür die Zunge herausschneiden müsste.

Dritte Märchenlektion:

Handeln Sie nicht gegen Ihre Überzeugung, um einen Mann für sich zu »gewinnen«. Sie können niemals gewinnen, wenn Sie sich dabei selbst verlieren.

Die Geschenke der Fee

Armes, hilfsbereites
Mädchen gewinnt durch seine Worte
Reichtum und Liebe

Eine Witwe hat zwei Töchter, die ältere von beiden ist arrogant und faul, die jüngere ist freundlich und fleißig. Die Mutter aber bevorzugt die Ältere, weil sie ihr im Grunde recht ähnlich ist.

Als die jüngere Tochter eines Tages Wasser aus dem Brunnen schöpft (eine ihrer vielen Aufgaben), kommt eine alte Frau des Weges gehumpelt und bittet sie, ihr zu trinken zu geben. Das Mädchen füllt schnell seinen Eimer mit dem klarsten Brunnenwasser und zieht ihn für die durstige Bettlerin hoch.

… die sich als verkleidete Fee zu erkennen gibt. Die Fee spricht eine Zauberformel über die hilfsbereite Schwester: Von nun an sollen Juwelen und Blumen von ihren Lippen fallen, sobald sie den Mund zum Sprechen öffnet. (Das hört sich sehr nervig an, aber in Blumen und Juwelen zu sprechen galt zur damaligen Zeit als beachtliche Fähigkeit.)

Die Mutter ist begeistert von der Gabe ihrer Jüngeren, allein durch Worte reich zu werden. Sie schickt ihre Lieblingstochter ebenfalls zur Quelle und gibt ihr ausdrücklich die Anweisung, jeder Bettlerin, die des Weges kommt, einen Eimer Wasser hochzuziehen.

Aber weit und breit lässt sich keine Bettlerin blicken. Nur so eine perfekt frisierte und mit Schmuck behängte feine Dame, die behauptet, am Verdursten zu sein. Die ältere Tochter weigert sich, für so eine verwöhnte Ziege Wasser heraufzuholen. Wozu sollte das gut sein?

Ein fieser Trick der Fee, wie sich im Nachhinein herausstellt! Es handelt sich nämlich um die gleiche Fee in einer anderen Verkleidung und mit einem neuen Zauberspruch: Jedes Mal, wenn die sauertöpfische Schwester etwas sagt, soll von nun an eine Kröte von ihren Lippen fallen.

Die Mutter dreht fast durch. Das war nicht Sinn der Übung! Und überall auf den Möbeln die Schleimspuren der Kröten! Voller Wut geht sie auf die jüngere Tochter los und gibt ihr die Schuld an der Misere.

Das Mädchen flieht in einen nahe gelegenen Wald, um sich vor der zornigen Mutter zu verstecken. Ein Prinz, der gerade auf der Jagd ist, findet sie dort. Er ist überzeugt davon, dass ihr vergoldetes Geschwätz ein Zeichen für ihr freigiebiges Wesen ist und deutlich mehr wert ist als die übliche Mitgift, nicht zuletzt weil sie diese Gabe selbst erworben hat. Er bringt sie in sein Schloss und nimmt sie zur Frau. Beide leben glücklich zusammen bis an ihr Ende.

Die Mutter und die ältere Schwester jedoch eröffnen eine Imbissbude, in der sie frittierte Froschschenkel verkaufen.

»Die Geschenke der Fee« (»Les Fées«) ist eine der ersten acht Geschichten, die Charles Perrault niederschrieb und veröffentlichte. Er gab dem Buch den Titel »Die Märchen meiner Mutter Gans oder Geschichten aus alten Zeiten« (»Histoires ou contes du temps passé, avec des moralités: Contes de ma mère l'Oye«) und fügte am Ende jeder Erzählung eine moralische Betrachtung ein.

Die Geschenke der Fee – neu interpretiert

Die jüngere Tochter wusste, dass sie sich nicht auf jedem Ball herumtreiben musste, um Erfolg im Leben zu haben. Sie hatte erkannt, dass ihr freundliches Wesen letztendlich ihre größte Stärke ist.

Sie verhielt sich der alten Bettlerin gegenüber genauso freundlich, wie sie es einem Prinzen gegenüber getan hätte und zeigte damit, dass sie Menschen nicht nach ihrer gesellschaftlichen Stellung beurteilte.

Für die ältere Tochter war Freundlichkeit nur Mittel zum Zweck. Daher wollte sie selbst mit der gut gekleideten Frau nichts zu tun haben.

Obwohl sie aus einer armen Familie stammte, wurde die jüngere Tochter aus eigener Kraft sagenhaft reich (sie wurde von Talkshow zu Talkshow weitergereicht) – und heiratete im Vorübergehen auch noch einen Prinzen.

Der Prinz hatte einen Blick dafür, dass das Ausspucken von Juwelen beim Sprechen nicht nur eine ausgefallene Begabung war, sondern auch die inneren Werte des Mädchens symbolisierte.

Die jüngere Tochter bewegte sich in allen Lebensbereichen mit Würde und blieb ihren persönlichen Werten auch dann treu, wenn sie sich nur auf dem Weg zu einer ihrer vielen stumpfsinnigen Arbeiten befand.

»... weil der scheinbar ereignislose und starre Augenblick, da unsere Zukunft uns betritt, dem Leben so viel näher steht als jener andere laute und zufällige Zeitpunkt, da sie uns, wie von außen her, geschieht ... und wir werden uns ihm, wenn es eines späteren Tages ›geschieht‹ (das heißt: aus uns heraus zu den anderen tritt), im Innersten verwandt und nahe fühlen ... dass das, was wir Schicksal nennen, aus den Menschen heraustritt, nicht von außen her in sie hinein.«

Rainer Maria Rilke,
Briefe an einen jungen Dichter

Die Geschenke der Fee – was Sie daraus lernen können

- Unterschätzen Sie nie die Wirkung einer freundlichen Art.

- Beurteilen Sie Menschen nicht nur nach ihrem Äußeren.

- Bringen Sie allen Menschen Mitgefühl entgegen, den Benachteiligten genauso wie jenen, denen es an nichts zu mangeln scheint. Wenn es um Freundlichkeit geht, ist der Weg das Ziel.

- Beziehen Sie Ihr Selbstwertgefühl aus Ihrem Charakter, nicht aus Ihrem Familienstammbaum. Ihr Prinz wird es genauso machen.

- Warten Sie auf denjenigen, der Ihre innere Schönheit so deutlich erkennt, dass sie für ihn unumstößliche Tatsache ist.

»Jemanden zu lieben ist, ein Wunder zu sehen, das für andere unsichtbar ist.«

François Mauriac, französischer Schriftsteller, Literatur-Nobelpreis 1952

Vierte Märchenlektion:

Bleiben Sie Ihren höchsten Werten treu, egal wie unbedeutend Ihnen ein bestimmtes Ereignis oder eine bestimmte Handlung auch vorkommt. Sie können nie wissen, ob Sie dabei nicht die große Liebe treffen.

Däumelinchen

Zierliche Singlefrau geht
mit vielen Kröten aus und verliebt
sich in Blumenprinzen

Däumelinchen, schön und heftig umworben, weil sie nur so groß wie ein Daumen ist, schläft in ihrem Bett, einer Walnussschale. Da kommt eine Krötenmutter in ihr Zimmer gehüpft und entführt sie, denn sie ist davon überzeugt, das winzige Mädchen sei die perfekte Braut für ihren Sohn. Als Däumelinchen aufwacht, sitzt sie mitten in einem Sumpf auf einem Seerosenblatt gefangen, ihr gegenüber ein schleimiger grüner Frosch, der die Zunge nicht im Mund behalten kann und sie mit seinen hervorquellenden Augen besitzergreifend anstarrt.

Däumelinchen entflieht der Hochzeit im Morast, indem sie sich auf ihrem Seerosenblatt den Fluss hinuntertreiben lässt. Die Strömung trägt sie über Stromschnellen, um Flussbiegungen, in ein anderes Land.

Da greift plötzlich eine Schabe von einem Baum herunter, packt Däumelinchen und schleppt sie in das Schabenreich hoch oben in den Bäumen. Die Schabe ist hingerissen von ihr, Däumelinchen dagegen findet das Insekt abstoßend. Und überall wimmelt es von diesen Schaben! Und die mäkeln nur an ihr herum: »Seht mal! Sie hat nur zwei Beine! Und so eine dünne Taille!« Die anfängliche Leidenschaft weicht dem Gruppenzwang und die erst in Liebe zu ihr entbrannte Schabe lässt Däumelinchen wieder fallen.

Däumelinchen wandert allein im Wald umher und ist nun davon überzeugt, selbst noch für eine Schabe zu hässlich zu sein. Sie knüpft sich ein Bett zwischen zwei Bäumen, macht es sich hübsch und gewöhnt sich an das Leben allein in ihrer kleinen Hängematte, mitten in den Wäldern. Als der Winter einbricht, muss sie fast erfrieren, findet aber zu guter Letzt bei einer mütterlichen Feldmaus in einem behaglichen Bau Unterschlupf. Gegen Kost und Logis erzählt sie der Maus Geschichten.

Die Feldmaus hat einen reichen Nachbarn, der durch einen unterirdischen Gang mit dem Mauseloch verbunden ist. Es handelt sich um einen alten Maulwurf mit riesigem Landbesitz unter der Erde. Der Alte hat es auf Däumelinchen abgesehen und die Feldmaus ist außer sich vor Freude darüber: der ideale Ehemann für ein Mädchen! Er ist reich, wohlerzogen und trägt einen todschicken schwarzen Samtmantel!

Däumelinchen will aber keinen Maulwurf heiraten. Sie lässt seine Avancen nur über sich ergehen, weil sie die Maus nicht verletzen will. Außerdem kann sie erst weg, wenn der Winter zu Ende ist.

Unterdessen freundet sie sich mit einer verwundeten Schwalbe an, die im Gang zwischen den beiden Erdbauten gefangen ist. Den ganzen Winter über pflegt sie die Schwalbe gesund. Beide kommen sich näher und entdecken viele gemeinsame Vorlieben: den Sonnenschein, den Sommer, das Leben über der Erde.

Als es Sommer wird, bietet die Schwalbe Däumelinchen an, sie mitzunehmen und mit ihr wegzufliegen. Däumelinchen aber fühlt sich der Feldmaus so sehr verpflichtet, dass sie es nicht übers Herz bringt, sie zu verlassen. Stattdessen näht sie den Sommer über die Aussteuer für ihre bevorstehende Hochzeit mit dem Maulwurf.

Am Tag vor dem großen Ereignis geht sie nach oben und kriecht aus dem Bau, um ein letztes Mal die Sonne zu sehen (der Maulwurf hat etwas gegen Aktivitäten im Freien). Genau in diesem Moment fliegt die Schwalbe auf ihrem Weg in den Süden über sie hinweg. Wieder fordert sie Däumelinchen auf mitzukommen. Dieses Mal sagt sie ja. Sie klettert auf den Rücken der Schwalbe und fliegt mit ihr davon.

… in ein Tropenparadies, wo der Himmel unendlich weit ist und die betörendsten Blumen wachsen. Hier begegnet sie einem schönen Prinzen, der ebenso klein ist wie sie und in einer Blume lebt. Als König der Blumenelfen hat er einen angenehmen Job. Und er ist ein Mensch (mit Flügeln).

Däumelinchen und ihr Prinz verlieben sich auf Anhieb ineinander. Die Schwalbe, die sich auch die ganze Zeit Hoffnungen auf Däumelinchen gemacht hatte, will dem jungen Glück nicht im Wege stehen. Sie und Däumelinchen bleiben gute Freunde.

Däumelinchen heiratet den Prinzen und bekommt ihr eigenes Paar Flügel geschenkt. Und so leben sie und flattern sie von nun an gemeinsam und glücklich bis an ihr Ende.

»Däumelinchen« (»Tommelise«) von Hans Christian Andersen ist die romantische Version des »Hässlichen Entleins« (ebenfalls von Hans Christian Andersen), die Geschichte eines edlen Menschen, der in niedere Verhältnisse hineingeboren wird und von Leuten umgeben ist, die seine Qualitäten nicht zu schätzen wissen. Beide Geschichten zeigen den Weg, auf dem Menschen ihren eigenen Wert erkennen lernen.

Däumelinchen – neu interpretiert

Die Krötenmutter hielt Däumelinchen auf dem Seerosenblatt gefangen, um sie bei sich zu behalten. Aber sie musste erfahren, dass man Liebe nicht dadurch erzwingen kann, dass man den anderen seiner Entwicklungsmöglichkeiten beraubt.

Als ihr Seerosenzimmer flussabwärts zu treiben begann, klammerte sich Däumelinchen nicht voller Panik an das Blatt oder wünschte sich in die vertraute Umgebung des Sumpfes zurück. Sie konnte das Gefühl, sich treiben zu lassen, und die Überraschungen, die nach jeder Flussbiegung auf sie warteten, genießen. Denn sie war sich bewusst, dass sie nicht für immer so losgelöst und unbeschwert dahintreiben würde.

Die Schabe griff sich Däumelinchen in einem Anflug oberflächlichen Verlangens. Da sie aus vorübergehender Schwärmerei und nicht aus echter Liebe handelte, verlor sie das Interesse ebenso schnell, wie es gekommen war.

Doch Däumelinchen blieb nach ihrer harten Landung auf den Tannennadeln nicht verzweifelt dort liegen und verzehrte sich vor Sehnsucht nach dem Richtigen, der kommen und sie retten möge, auf dass dann endlich das »wahre« Leben beginnen könne. Ihr war klar, dass es sie auf

Dauer unglücklich machen würde, einfach nur zu warten, bis einer kommt, der sie rettet. Das Warten hätte sie so unzufrieden gemacht, dass sie selbst dann noch gewartet hätte, wenn der Richtige längst aufgetaucht wäre.

Auch wenn die Feldmaus davon überzeugt war, ihr Nachbar (der Maulwurf) sei der ideale Ehemann, kam es nicht auf die Gefühle der Feldmaus an, sondern auf die von Däumelinchen.

Däumelinchens Arrangement mit der Feldmaus war für beide Seiten von Nutzen. Die Maus rettete ihr das Leben, und sie machte das Leben der Maus lebenswerter (durch ihre mitreißende Art und ihr Talent, fesselnde Geschichten zu erzählen).

Däumelinchen floh, ohne sich zu verabschieden. Ganz bestimmt war die Maus todtraurig, musste sie doch annehmen, Däumelinchen wäre von einer Katze gefressen oder von einem umstürzenden Getreidehalm erschlagen worden. Beim Maulwurf wechselten die Gefühle zwischen Kummer über ihren vermeintlichen Tod und der dumpfen Ahnung, dass sie vor ihm geflohen war. Wäre Däumelinchen sich und den anderen gegenüber ehrlich gewesen, anstatt sich von falsch verstandenen Verpflichtungen leiten zu lassen, wäre die glücklose Verlobung gar nicht erst zustande gekommen. Sie hätte die Gefühle der beiden nur kurz verletzt und sie nicht der Gefahr jahrelanger ernsthafter Depressionen und immenser Therapeutenrechnungen ausgesetzt.

Die Schwalbe war zwar auch nicht Däumelinchens große Liebe, aber eine wichtige Person in ihrem Leben. Sie hat ihr aus einer schlimmen Situation geholfen und sie zu ihrem Prinzen gebracht.

Als sich Däumelinchen in den Blumenprinzen verliebte, zwang sie sich nicht, weiter bei der Schwalbe zu bleiben. Sie hatte aus den Erfahrungen im Maulwurfsbau gelernt: Man ist nicht aus Pflichtgefühl, sondern aus wahrer Liebe mit jemandem zusammen.

Däumelinchen – was Sie daraus lernen können

- Wenn Ihnen jemand den Mut nehmen will, an der Verwirklichung Ihrer Träume zu arbeiten, oder Ihnen suggerieren will, niemand sonst wolle Sie haben, nehmen Sie das nicht einfach hin. Er will Sie damit nur an sich binden.

- Eine Beziehung – auch eine schlechte – zu beenden kann zunächst das Gefühl hervorrufen, auf einem Seerosenblatt einen reißenden Fluss hinunterzutreiben und jegliche Kontrolle über sein Leben zu verlieren. Versuchen Sie, an der Fahrt Gefallen zu finden. Sie werden ganz gewiss wieder festen Boden unter die Füße bekommen.

- Liebt Sie jemand nur wegen Äußerlichkeiten (Ihres hübschen Lächelns oder Ihres ungewöhnlichen Berufes), wird er womöglich rasch das Interesse an Ihnen verlieren, denn er liebt Sie nicht um Ihrer selbst willen. Nehmen Sie das nicht persönlich. Es war auch nie persönlich gemeint. Der Richtige würde Sie nicht verlassen.

- Machen Sie es sich ab sofort zur Gewohnheit, glücklich zu sein.

@@ Seien Sie ehrlich im Umgang mit Ihren Gefühlen, auch wenn Sie glauben, damit jemandem wehzutun.

@@ Manche Männer sind Schwalben, durch sie kommen Sie erst an den Richtigen. Aber solange eine solche Beziehung auf gegenseitigem Verständnis und einem liebevollen Umgang miteinander beruht, ist sie eine Bereicherung.

@@ Halten Sie eine Beziehung nicht aus Schuld- oder Pflichtgefühlen aufrecht. Wenn Sie unglücklich sind, wird auch Ihr Partner nicht das große Kribbeln verspüren.

Fünfte Märchenlektion:

Warten Sie, bis Sie demjenigen begegnen, bei dem Sie – nicht Ihre Freunde oder Familie – das Gefühl haben, er sei der Richtige. Auch wenn es Ihnen so vorkommt, als wären Sie schon mit jedem Mann (und Maulwurf) der ganzen Stadt aus gewesen, es gibt irgendwo den, der genau zu Ihnen passt.

Gracieuse und Percinet

Verratene Prinzessin lernt,
wieder Vertrauen zu haben

Die gute und wohlerzogene Prinzessin Gracieuse erfährt, dass ihr Vater eben wieder geheiratet hat, und zwar ausgerechnet die Herzogin Périlleuse, eine abscheuliche Person, die für die Prinzessin abgrundtiefen Hass empfindet. Aber Gracieuse hat ihre Märchen gelesen. Sie kennt die Geschichte von der bösen Stiefmutter schon. Ihrem Vater zuliebe verspricht sie, nett zu seiner Frau zu sein. Dann rennt sie in den Wald, um allein zu sein und sich richtig auszuweinen.

Aber sie ist ja gar nicht allein! Wer ist denn der gut aussehende Kerl in der modischen Hose? Es ist Percinet, ein hinreißender Prinz mit Zauberkräften. Percinet gelobt Gracieuse ewige Treue und verspricht ihr, falls es Probleme geben sollte, immer in ihrer Nähe zu bleiben.

Und die Probleme lassen nicht lange auf sich warten. Noch in derselben Nacht verschleppen Soldaten Gracieuse tief in einen Wald voll wilder Tiere und überlassen sie dort ihrem Schicksal.

Mutterseelenallein, völlig verängstigt und in erbittertem Kampf gegen lästige Mücken, ruft Gracieuse nach Percinet. Plötzlich zeigt sich im Wald ein hell erleuchteter Pfad. Gracieuse folgt ihm, bis sie zu einem lichterfüllten Palast aus kristallenen Wänden gelangt. Es ist Percinets Schloss, das durch einen Zauber an diesen Ort versetzt wurde! Percinet bittet sie hinein, stellt sie seiner Mutter vor, gibt ihr zu essen und ein Zimmer für die Nacht.

Am nächsten Morgen fragt Percinet Gracieuse, ob sie ihn heiraten wolle. Er bietet ihr Zuneigung, ein repräsentatives Schloss und ein ganzes Zimmer voller Kleider genau in ihrer Größe und nach ihrem Geschmack. Aber Gracieuse denkt an ihren Vater daheim. Vermutlich ist er krank vor Sorge. Gracieuse, ganz pflichtbewusste Tochter, macht sich auf den Weg nach Hause.

Der König ist glücklich, sie zu sehen (hat aber gar nicht bemerkt, dass sie fort gewesen war). Gracieuse schildert ihm ihre schrecklichen Erlebnisse im Wald und bittet ihn, sie in eine weit entfernte Gegend seines Reiches zu schicken, wo sie in Sicherheit ist. Aber da der König Périlleuse die Verantwortung für Gracieuse übertragen hat, unternimmt er nichts.

Périlleuse hingegen unternimmt umso mehr. Nachdem der König eingeschlafen ist, schließt Périlleuse Gracieuse in ein modriges Verlies und verlangt von ihr, eine Reihe unmöglicher Aufgaben zu erledigen. Zuerst soll Gracieuse einen riesigen Berg feinsten Flaums entwirren und ein Fadenknäuel daraus wickeln. Als Nächstes soll sie eine Million Federn getrennt nach Vogelarten in kleine Häufchen sortieren.

Normalerweise hilft Gracieuse immer gerne im Haushalt. Aber das hier ist einfach lächerlich. Der Flaum ist so fein, dass er schon zerfällt, wenn man ihn nur ansieht. Und nicht einmal die Vögel selbst könnten ihre Federn unterscheiden. Aber Percinet will Gracieuse auch nicht herbeirufen, weil es ihr peinlich ist, dass sie das Leben in seinem Schloss ausgeschlagen hat, um jetzt in einem Kerker zu verschmachten.

Das ist auch nicht nötig. Percinet taucht, wie immer, genau zum richtigen Zeitpunkt auf. Sein Zauberstab wirkt Wunder. Er verwandelt den Flaum in ein Knäuel fester Paketschnur und veranlasst die Federn, ganz von selbst auf verschiedene Stapel zu fliegen. Dann bittet er Gracieuse erneut, ihn zu heiraten.

Doch jetzt quält Gracieuse eine andere Sorge. Was, wenn Percinet sie gar nicht wirklich liebt? Wie kann sie seiner Liebe vertrauen? Sie hatte ja auch gemeint, ihrem Vater vertrauen zu können, und was war das für ein Fehler gewesen!

Enttäuscht zieht sich Percinet zurück. Périlleuse kommt in das Verlies, sieht, was Gracieuse alles geschafft hat, und gibt ihr eine schallende Ohrfeige. Sie wollte nämlich gar keine perfekt sortierten Haufen, sondern einen Vorwand, um Gracieuse loszuwerden!

Nun heckt sie einen todsicheren Plan aus: Gracieuse soll eine verschlossene Kiste mitten durch das Königreich tragen. Auf das Öffnen der Kiste steht die Todesstrafe. Natürlich weiß jeder, dass kein Mensch einer verschlossenen Kiste widerstehen kann. Gracieuse würde sie öffnen und damit ihr Todesurteil besiegeln.

Nachdem sie die Kiste meilenweit geschleppt hat, ruht sich Gracieuse bei einem Felsen aus. Was ist bloß in dieser Kiste? Sie beschließt, einen Blick hineinzuwerfen.

Eine Truppe winziger Tänzer und Sänger springt heraus. Sie drehen sich, sie tanzen Walzer und Polka, sie haben draußen so viel Spaß, dass sie sich weigern, wieder in die Kiste zu steigen.

Für Gracieuse ist das der sichere Tod. Sie ruft nach Percinet, um sich ein letztes Mal von ihm zu verabschieden. Falls er mit ihr überhaupt noch etwas zu tun haben will, nachdem sie die Anweisung der Stiefmutter so offensichtlich missachtet hat.

Aber natürlich will er sie noch sehen. Er kommt und sammelt die kleinen Leute wieder ein. Doch Gracieuse weigert sich immer noch, aus dem Königreich zu fliehen, und besteht sogar darauf, die Kiste ordnungsgemäß abzuliefern.

Périlleuse tobt. Sie muss diese Ausgeburt an Perfektion von diesem Planeten entfernen! Da ihr sadistischer Erfindungsreichtum fürs Erste erschöpft ist, beschließt sie, Gracieuse in ein riesiges Erdloch zu werfen und es mit einem großen Stein zu verschließen. Dann hätte sie die Sache ein für alle Mal erledigt.

Lebendig begraben! Gracieuse ist schon kurz vor dem Ersticken, da tut sich an einer Seite des Felsbrockens eine

Tür auf ... Sie führt zum Kristallpalast. Dort trifft Gracieuse auf Percinet. Sie bittet ihn um Verzeihung für ihr Misstrauen und sagt, sie würde ihn nun heiraten, wenn er ein so einfältiges Mädchen überhaupt noch haben wolle.

Natürlich will er noch. Sie heiraten auf der Stelle und leben von nun an ohne weitere Prüfungen glücklich bis an ihr Ende.

»Gracieuse und Percinet« von der französischen Schriftstellerin Madame d'Aulnoy wurde 1697 in »Les Contes de Fées« (»Feenmärchen«) veröffentlicht. Es enthält viele Elemente, die auch aus anderen Märchen bekannt sind. Die Kiste mit den kleinen Menschen gibt es auch in dem russischen Märchen »Baba Yaga«. Den winzigen Menschen begegnet man in Kombination mit unmöglichen Aufgaben auch in der italienischen Geschichte »Das Mädchen im Korb«.

Madame d'Aulnoys eigenes Leben liest sich ebenfalls wie ein Märchen. Mit 16 Jahren wurde sie mit einem 46-jährigen Mann verheiratet. Nachdem sie fünf Kinder geboren hatte, beschuldigte sie ihren Mann eines Verbrechens, um sich auf diese Weise aus ihrer Ehe zu befreien. Als der Schwindel aufgedeckt wurde, floh sie erst nach England und dann nach Spanien. König Ludwig XIV. begnadigte sie und erlaubte ihr, nach Frankreich zurückzukehren, wo sie einen eleganten literarischen Salon gründete und Märchen sowie Reiseberichte veröffentlichte.

Gracieuse und Percinet – neu interpretiert

Nachdem Périlleuse sie in einem Wald mit lauter wilden Tieren ausgesetzt hatte, machte Gracieuse ihrem Vater keine Vorwürfe, sie bekam keinen Wutausbruch, stürzte sich nicht in den Burggraben und forderte nicht von ihm, sein Leben ihren Bedürfnissen anzupassen. Stattdessen erzählte sie ihm, was passiert war, brachte ihre Bedenken gegen ihren weiteren Aufenthalt im Schloss zum Ausdruck und schlug eine Lösung vor, die für beide in Ordnung gewesen wäre – sie weit fort zu schicken.

Gracieuse ließ sich von Périlleuses bösartiger Eifersucht nicht zu Vergeltungsaktionen hinreißen.

Die Loyalität, die Gracieuse als Tochter zeigte, war bewundernswert, zunächst zumindest. Doch als offensichtlich wurde, dass ihr Vater sie nicht beschützen würde, schlug ihre standhafte Loyalität ins Abstruse um. Sie kam beinahe ums Leben, weil sie Pflichtbewusstsein über einen gesunden Selbsterhaltungstrieb stellte.

Was ist davon zu halten, dass sie sich erst ohrfeigen ließ und dann erneut zurückkehrte, um sich noch mehr Schläge abzuholen? Warum bestrafte sie sich selbst? Sie konnte weder etwas dafür, dass Périlleuse so grausam noch dass ihr Vater so gleichgültig war.

Und obwohl Percinet ihr ein luxuriöses Leben und ewige Liebe versprach, vertraute ihm Gracieuse nicht und ließ zu, dass der Verrat ihres Vaters sie argwöhnisch gegenüber allen anderen Männern machte.

Percinet beteuerte nicht nur, dass er Gracieuse liebte, er zeigte es ihr auch. Er stellte sie seiner Familie vor, bat sie, seine Frau zu werden, respektierte ihr Nein, rettete sie immer wieder (ohne ihr Vorwürfe zu machen) und wusste, welche Kleider und Juwelen ihr gefielen. Gracieuse lernte schließlich daraus, dass sie einem Mann dann vertrauen konnte, wenn seine Worte mit seinen Taten übereinstimmten.

Gracieuse stellte Percinets Liebe wieder und wieder auf die Probe, indem sie sich selbst in immer gefährlichere Situationen brachte und darauf wartete, dass er sie retten werde. Sie hatte Glück, dass Percinet schlau genug war zu erkennen, dass sie nur eine schwierige Phase durchmachte und ihn nicht für alle Zeiten »auf die Probe« stellen würde.

Nachdem sie die Kiste geöffnet hatte, war Gracieuse sich sicher, dass Percinet sie jetzt nicht mehr lieben würde. Doch da Percinets Liebe echt war, konnte ein »Fehler« dieser Liebe nichts anhaben.

Gracieuse und Percinet – was Sie daraus lernen können

- Wenn zwischen Ihnen und jemandem, den Sie lieben, ein Problem auftaucht, suchen Sie nach Lösungen, die für Sie beide akzeptabel sind. Vorwürfe, Rachedrohungen oder Opfer zu fordern hilft in den seltensten Fällen.

- Machen Sie keine Zugeständnisse, wenn es um Ihre Würde und Ihre Persönlichkeit geht, auch wenn alle um Sie herum sich gegenseitig an Dummheit und Gemeinheit zu überbieten scheinen.

- In einer Partnerschaft muss Loyalität für beide gleichermaßen gelten. Wenn man in einer Beziehung ständig mehr gibt, als man bekommt, sollte man keine Zeit verschwenden, sondern schleunigst das Weite suchen.

- Suchen Sie die Schuld nicht bei sich, wenn jemand anderes sich Ihnen gegenüber daneben benimmt. Für die Probleme der anderen sind *niemals* Sie verantwortlich. Verlassen Sie das Schloss, ehe Sie lebendig begraben werden.

- Konzentrieren Sie sich auf die Menschen, die Sie zu schätzen wissen, und verschwenden Sie keine Zeit damit, um die Zuneigung von Leuten zu kämpfen, denen Sie gleichgültig sind.

- Wenn Worte und Taten eines Menschen auf Dauer übereinstimmen, können Sie ihm vertrauen.

- Sie können die Gefühle eines anderen nicht ständig auf die Probe stellen. Irgendwann müssen Sie ihm vertrauen, sonst verlieren Sie ihn.

- Fordern Sie nicht die »bedingungslose Liebe«, indem Sie sich von Ihrer schlechtesten Seite zeigen. Der Mensch, den Sie lieben, verdient es, Sie von Ihrer besten Seite zu erleben, nicht von Ihrer schlechtesten.

- Einen »Fehler«, mit dem Sie den Richtigen in die Flucht schlagen könnten, gibt es nicht.

Sechste Märchenlektion:

Eine schlechte Erfahrung mit einem Mann darf Sie nicht dazu verleiten, dem nächsten zu misstrauen. Nicht alle Männer sind gleich.

Die Schöne und das Biest

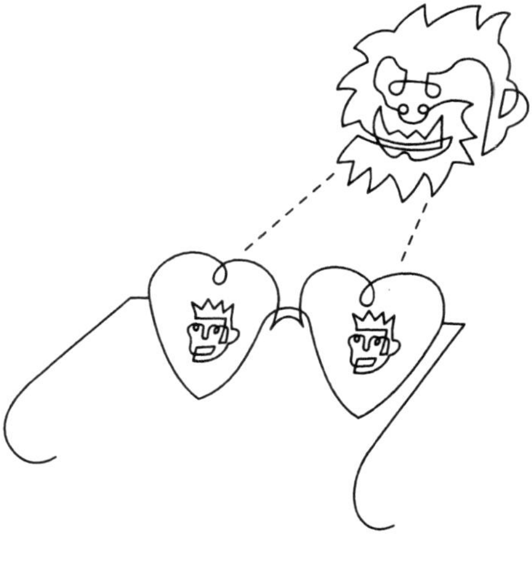

Tapferes Kind lässt sich
von Fellgesicht nicht abschrecken
und findet die große Liebe

Ein reicher Witwer hat drei Töchter. Die beiden älteren Töchter trippeln, von Kopf bis Fuß in Prada gehüllt, den ganzen Tag in der Stadt herum, schlürfen Cocktails im »Vier Jahreszeiten« und lassen keinen Verehrer an sich heran, wenn er nicht wenigstens ein Herzog ist. Die jüngste Tochter aber ist nicht nur hübscher und netter als ihre Schwestern, sondern auch ernsthafter und hat ein Faible für anspruchsvolle Literatur. Sie sieht derart umwerfend aus, dass sie alle nur »die Schöne« nennen.

Eines Tages verliert der Witwer sein ganzes Vermögen. Er zieht mit seiner Familie in ein heruntergekommenes Landhaus weit weg von der Stadt. Die älteren Schwestern kommen dort vor Langeweile fast um. Hier kann man nichts anderes unternehmen, als aus dem Fenster schauen, die Kühe beobachten und sich nach den geliebten Designerklamotten sehnen. Die Schöne steht schon in der Morgendämmerung auf, um dem Vater zu helfen. Von der Arbeit im Freien bekommt sie straffe Muskeln und eine wunderbar sonnengebräunte Haut.

Ein Jahr später erhält der Vater die Nachricht, dass sein Schiff im Hafen eingelaufen ist. Er macht sich auf den Weg, begleitet vom Wunsch der konsumgierigen Schwestern, er möge ihnen ein paar Souvenirs mitbringen, Chanel-Kostüme, Gucci-Taschen und Godiva-Schokolade zum Beispiel. Die Schöne jedoch bittet ihn nur um eine Rose.

Wie sich herausstellt, ist die Schiffsladung ein großer Reinfall (der Gerichtsvollzieher streicht nämlich den gesamten Gewinn ein). Mittellos macht sich der Vater auf den Heimweg und verirrt sich in einem Schneesturm. Plötzlich taucht ein prächtiges, hell strahlendes Schloss vor ihm auf.

Auch innen ist das Schloss für mittelalterliche Verhältnisse perfekt gestylt. Ihn erwarten silberne Platten mit feinstem Lammbraten, ein riesiges, von Zwergen handbesticktes Bett und neue Reithosen genau in seiner Größe. Am Morgen erblickt er im Freien statt Schnee üppige Gärten. Ach ja, richtig, er bricht eine Rose für seine Schöne ab.

Da kommt ein abscheuliches Tier über den Rasen auf ihn zugestürmt und fletscht die Zähne. Denn das Einzige, das dem Tier auf Erden etwas bedeutet, ist ausgerechnet der Garten. Der Vater fleht um sein Leben und erklärt dem Biest, dass er allein erziehend ist und dass zu Hause drei Töchter auf ihn warten. Das Biest lässt ihn am Leben, aber nur unter der Bedingung, dass eine seiner Töchter an seiner Stelle zurückkehrt.

Das ist natürlich die Schöne. (Der Vater hatte ihr geschildert, dass ihre Bitte um eine Rose ihn fast das Leben gekostet hätte.) Statt die Schöne aufzufressen, erlaubt ihr das Biest, sich frei im ganzen Schloss zu bewegen, und gibt ihr ein eigenes Zimmer mit einem prall gefüllten Kleiderschrank und einer reich ausgestatteten Bibliothek.

Die Schöne findet Gefallen am Leben im Schloss. Sie gibt zu (unter Druck), dass sie das Biest äußerlich abstoßend findet. Doch in Anbetracht seiner Freundlichkeit kommt es ihr gar nicht mehr so hässlich vor. Wenn es nur nicht immer fragen würde, ob sie seine Frau werden wolle (sie kann einfach nicht anders, als sich zu weigern).

Schließlich lenkt das Biest ein und bittet sie nurmehr, sie solle für immer bei ihm bleiben. Die Schöne gesteht daraufhin, dass ihr das Leben im Schloss zwar ausgesprochen gut gefalle, aber dass sie so weit weg von ihrem Vater niemals wirklich glücklich werden könne. Da aber ihr Glück dem Biest am meisten am Herzen liegt, lässt es sie gehen.

Wieder zu Hause beim Vater muss die Schöne immer an das Biest denken. Sie kann gar nicht glauben, wie sehr sie es vermisst. Was ist bloß los mit ihr? Sie gehört doch nicht zu den Leuten, die immer das wollen, was sie gerade nicht haben. Als sie träumt, das Biest liege im Sterben, wird ihr klar, dass sie es liebt – wenn auch nur wie einen guten Freund. Also eilt sie zurück zum Schloss …

… dort findet sie das Biest – dem Tode nahe, denn es wollte nichts mehr essen, nachdem die Schöne es verlassen hatte. Da wirft sich die Schöne auf das Biest und verspricht ihm, seine Frau zu werden.

Plötzlich verwandelt sich das Biest in einen schönen Prinzen. Und geistreich ist er auch noch! Er war in ein schreckliches Tier verzaubert und sollte es so lange bleiben, bis sich ein schönes Mädchen in ihn verliebte und ihn allein wegen seines freundlichen Wesens und guten Charakters zum Mann nehmen wollte.

Sie heirateten und lebten fortan als glückliches und attraktives Paar zusammen.

»Die Schöne und das Biest« (»La Belle et la Bête«) wurde von der französischen Schriftstellerin Jeanne-Marie Leprince de Beaumont niedergeschrieben und 1756 erstmals veröffentlicht. Ähnliche Geschichten von Frauen, denen es bestimmt ist, nicht-menschliche Verehrer zu ehelichen, gibt es überall auf der Welt.

Die Schöne und das Biest – neu interpretiert

Dank ihres ungebrochenen Optimismus und ihres standhaften Charakters konnte die Schöne aus allen Lebenssituationen etwas machen und fand letztendlich dadurch auch zu ihrem Glück.

Die Ursache all ihrer Probleme war ihr Vater. (Wegen seiner missglückten geschäftlichen Transaktionen, seines schlechten Orientierungssinns und seines Einverständnisses, sie an seiner Stelle in das Schloss gehen und für ihn büßen zu lassen.) Aber sie machte ihm keine Vorwürfe und beklagte sich nicht, dass ihre chaotische Familie Schuld sei, dass sie nicht glücklich werden könne. Sie übernahm selbst die Verantwortung für ein erfülltes Leben.

Die Schöne versuchte nicht, am Aussehen des Biests etwas zu ändern (es ins Fitness-Studio zu schicken, zu einer Gesichtsoperation oder einer Farbberatung zu überreden). Natürlich bemerkte sie, dass sein Gesicht zwangsläufig alle Blicke auf sich zog, sie nahm es aber hin und konzentrierte sich auf seine positiven Eigenschaften. Indem sie in erster Linie die Seiten zur Kenntnis nahm, die sie an ihm bewunderte, wurden ihr diese auch stärker bewusst und ließen sein hässliches Äußeres in den Hintergrund treten.

Am Anfang ging es der Schönen nur um eines: Bloß nicht von dem Biest gefressen zu werden. Dass sie sich verlieben würde, war überhaupt kein Thema. Aber sie machte die Erfahrung, dass man bei manchen Menschen etwas länger braucht, um ihre Qualitäten zu erkennen.

Zunächst tat das Biest der Schönen wegen seines schrecklichen Gesichts einfach nur Leid. Doch indem sie das Biest mit Zuneigung statt mit Abscheu oder Hass betrachtete, war sie schon auf dem besten Weg, sich zu verlieben.

Das Biest presste nicht etwa die Klauen an die Brust und wartete mit seinem Liebesgeständnis, bis die Schöne ihres abgegeben hatte. Es wusste, dass es ihn nicht vor Verletzungen schützen würde, wenn es seine Gefühle versteckte.

Obwohl die Schöne und das Biest nach außen hin völlig gegensätzlich wirkten, fühlten sie sich in ihrem Inneren eng verbunden (was in ihrer gemeinsamen Liebe zu Rosen zum Ausdruck kommt).

Die Schöne konnte von Glück reden, dass das Biest in Wirklichkeit ein hübscher, intelligenter, verzauberter Prinz war. Es ist eine Sache, die inneren Werte eines Mannes zu schätzen, aber eine andere, jemanden zu heiraten, der einen optisch nicht gerade vom Hocker reißt und bei dem man sich auch nicht wünschen würde, gleich frühmorgens beim Aufwachen wieder seinen Körper zu spüren.

Das Biest konnte sich glücklich schätzen, dass die Schöne wieder zu ihm zurückgekehrt ist. Noch ein paar Tage, und es wäre tot gewesen und hätte die Schöne zutiefst erschüttert zurückgelassen.

Die Schöne und das Biest – was Sie daraus lernen können

- Unterschätzen Sie niemals die Macht einer positiven Lebenseinstellung.

- Starke innere Werte sind der beste Schutz gegen Schicksalsschläge und die Grundlage für ein glückliches Leben.

- Nehmen Sie Ihr Glück selbst in die Hand, unabhängig von der Situation, in der Sie sich gerade befinden.

- Nicht jeder wirkt auf den ersten Blick attraktiv. Geben Sie allen Leuten eine Chance, sich von ihrer besten Seite zu zeigen.

- Richten Sie Ihr Augenmerk nicht zu sehr auf die »Macken« Ihres Gefährten. Wenn man sich auf Probleme zu sehr konzentriert, werden sie nur noch größer, so wie auch Pflanzen besser gedeihen, wenn man sie kräftig gießt. Bringen Sie Ihre Kritik einmal zum Ausdruck und lassen Sie es dann gut sein. Achten Sie mehr auf die Wesenszüge, die Ihnen tatsächlich gefallen. Die »Macken« rücken dann entweder aus dem Blickfeld, oder sie sind früher oder später der Anlass, die Beziehung zu beenden.

- Für die »Fehler« des anderen Verständnis aufzubringen ist besser, als sie zu verteufeln.

- Drücken Sie Ihre Zuneigung aus. Das Gesicht zu wahren heißt nicht, mit seinen Gefühlen hinter dem Berg zu halten.

- Voraussetzung für eine gute Beziehung ist, dass die Partner wirklich zusammenpassen.

- Geben Sie keinem Ihr Jawort, wenn Sie insgeheim hoffen, Sie werden ihn schon noch ändern. Das passiert nur in Märchen.

- Hungern Sie sich nicht zu Tode, weil Sie sich nach der Liebe eines ganz bestimmten Menschen sehnen. Geben Sie Ihr Leben niemals auf, nur weil eine andere Person nicht erkennt, was Sie wert sind.

»Wir gewinnen Herzen durch die Eigenschaften, die wir nach außen zeigen, wir halten sie durch die Eigenschaften, die wir besitzen.«

JEAN SUARD, französischer Schriftsteller

Siebte Märchenlektion:

Bemühen Sie sich, eher die guten Seiten an einem Menschen wahrzunehmen als die schlechten. Man kann nie wissen, in welche Richtung sich eine Beziehung entwickelt.

König Blaubart

(Eine abschreckende Geschichte)

Eine gute Partie entpuppt sich für
Neugierige als Serienmörder

Ein reicher Junggeselle will eine der hübschen Töchter seines Nachbarn heiraten, welche ist ihm egal. Beide Mädchen weigern sich, weil sie seinen ungepflegten blauen Bart abstoßend finden und es sie abschreckt, dass er bereits drei Frauen hatte, über deren Verbleib niemand etwas weiß.

Trotzdem nehmen die Mädchen die Einladung zu einem einwöchigen Fest auf einem seiner Güter an. Nach acht Tagen Trinkgelagen, Reiten und Geländerennen kommt die jüngere Tochter zu dem Schluss, dass sein Bart eigentlich gar nicht so blau ist. Zugegeben, vor lauter Kater kann sie nicht geradeaus sehen, aber wen kümmert es schon, dass er einen strähnigen Ziegenbart trägt, wenn man so viel Spaß mit ihm haben kann? Sie willigt ein, Blaubart noch in der folgenden Woche zu heiraten.

Das Leben als Ehefrau ist für sie ein Traum – so viele Autos, so viele Möbel. Doch nach einem Monat muss Blaubart auf Geschäftsreise gehen. Er händigt seiner Frau die Schlüssel für all seine Besitztümer aus und sagt zu ihr, sie könne tun und lassen, was sie wolle, außer das kleine Zimmer im Keller zu betreten. Sie verspricht, seinen Wunsch zu befolgen.

Doch ihre Neugier siegt. Kaum ist Blaubart aus dem Haus, da jagt sie schon die Treppe hinunter und steckt den Schlüssel in das Schloss. Sie stößt die Tür auf und blickt in einen dunklen Raum, in dem klebriges Zeug über den ganzen Boden verteilt ist. Ist das etwa Blut? Ja! Und was baumelt da an den Wänden? Leichen! Es sind die Körper von Blaubarts früheren Frauen, die da mit durchgeschnittenen Kehlen hängen.

Entsetzt lässt die noch Lebende (wenn auch kaum mehr zum Atmen fähig) die Schlüssel in eine Lache aus geronnenem Blut fallen. Sie reißt sie wieder an sich, schlägt die Tür zu und läuft nach oben. Als sie in ihrem Zimmer auf dem Satinlaken sitzt, entdeckt sie Blut an den Schlüsseln. Sie versucht, es abzuwischen, aber es haftet fest wie rote Farbe.

Am gleichen Abend kommt Blaubart wieder nach Hause, entdeckt den blutverschmierten Schlüssel und kann sich denken, was passiert ist. Wutentbrannt rast er die Treppe zu ihrem Zimmer hoch. Sie hat ihn hintergangen! Wusste er es doch, dass er ihr nicht trauen konnte! Er packt sie an den Haaren und führt das Messer an ihre Kehle.

Da stürmen plötzlich ihre beiden Brüder in das Haus. Sie sehen, was Blaubart vorhat, und bringen ihn auf der Stelle um.

Die junge Braut – nun Witwe – erbt Blaubarts Geld. Und ein Horrorkabinett aus verschlossenen Räumen.

»König Blaubart« (»La Barbe bleue«) wurde erstmals von Charles Perrault (1628–1703) schriftlich festgehalten. Worauf die Geschichte tatsächlich basiert, ist nicht bekannt. Sie könnte auf den französischen Adeligen Gilles de Rais anspielen, der über 100 Menschen umgebracht hat, oder auf den englischen König Heinrich VIII., der dafür berüchtigt ist, dass er zwei seiner sechs Frauen töten ließ.

König Blaubart – neu interpretiert

Die jüngste Tochter verliebte sich in Blaubarts Besitz, nicht in ihn selbst. Aber sie musste, beinahe schon zu spät, erkennen, dass sie den Mann und nicht nur seine Häuser geheiratet hatte.

Die Jüngste vertraute ihr Leben einem Fremden an, ohne ihn vorher gut genug zu kennen. Sie begab sich in die Hände eines Mörders und kam dabei um ein Haar zu Tode.

Natürlich ist es entsetzlich, wenn man die früheren Frauen seines Mannes ermordet und aufgehängt vorfinden muss, aber die neue Frau hatte versprochen, den Raum nicht zu betreten. Sie wusste, dass sie nicht genügend Beherrschung aufbringen würde, um einer solchen Versuchung zu widerstehen. Besser wäre es gewesen, sie hätte ihn um Unterstützung gebeten, etwa indem sie ihn gefragt hätte, ob er den Schlüssel nicht mitnehmen könne. Die beiden hätten sich in ihrer Ehe wie Partner verhalten sollen. Wenn sie es schon gewagt hatte, ihn zu heiraten, hätte sie sich auch trauen müssen, ihn bei der Erfüllung seiner Forderungen um Unterstützung zu bitten.

Blaubart war alles andere als der ideale Ehemann. Besessen von dem Bedürfnis, die Frauen ihre Liebe unter Beweis stellen zu lassen, hatte er bereits drei Lebensgefährtinnen umgebracht. Allerdings hatte er auch allen Grund, misstrauisch zu sein. Er umwarb seine Frauen mit Besitztümern und Festen und geriet dabei an Ehepartnerinnen, die von seiner Kaufkraft fasziniert waren, nicht jedoch von ihm selbst.

Natürlich schaute seine neue Frau in das verschlossene Zimmer. Alle drei Frauen zuvor hatten genauso gehandelt. Was hatte er auch anderes erwartet? Statt aus seinen Fehlern zu lernen, spielte er auch in dieser Ehe das alte Spiel.

Blaubart beschuldigte seine Frau, ihn hintergangen zu haben, doch wie groß war seine Zuneigung überhaupt? Ging es ihm am Ende doch mehr darum, sie zu einem Fehltritt zu verleiten, als sie vor dem schrecklichen Anblick der drei toten Frauen an der Wand zu verschonen?

»Wenn du geliebt werden willst,
dann liebe und sei liebenswert.«

Benjamin Franklin

König Blaubart – was Sie daraus lernen können

- Verwechseln Sie Ihren Spaß an neuen Möbeln nicht mit Zuneigung. Sie heiraten einen Menschen, nicht seinen Besitz.

- Nur weil ein Mann Sie will und Ihren Wunschvorstellungen entspricht, heißt das noch lange nicht, dass er der Richtige für Sie ist. Achten Sie auf seinen Charakter, nicht auf Fähigkeiten und äußerliche Merkmale.

- Setzen Sie bei jedem zunächst das Beste voraus, aber verlassen Sie sich erst darauf, wenn es sich nach ausreichend langer Zeit auch bestätigt. Lernen Sie einen Menschen erst richtig kennen, bevor Sie ihm irgendetwas anvertrauen, das zu verlieren Sie sich nicht leisten können, wie zum Beispiel Ihr Glück.

- Eine Beziehung ist Teamarbeit. Wenn es Probleme gibt, sollten Sie sich als Erstes an Ihren Partner wenden.

- Spielen Sie auf der Suche nach Liebe nicht den Blaubart. Wenn Sie jemanden mit Kreditkarten oder Kassenzetteln für sich gewonnen haben, werden Sie wohl immer an seiner Zuneigung zweifeln. Geht es um Sie oder um Ihren Mercedes? Die richtige Person verliebt sich in Sie, nicht in Ihr Auto, Ihre Position oder Ihren Golfclub.

- Wenn die eine Methode, Nähe und Verbundenheit zu schaffen, nicht funktioniert, versuchen Sie es mit einer anderen.

- Loyalität und Vertrauen entwickeln sich mit der Zeit von selbst, vorausgesetzt man ist sich und anderen treu.

Achte Märchenlektion:

Fordern Sie von anderen keine Liebesbeweise. Vertrauensprüfungen und Wahrheitstests lassen Argwohn entstehen, aber niemals Hingabe.

Vom Fischer und seiner Frau

(Eine abschreckende Geschichte)

Unzufriedene Frau
sucht im Konsum Ablenkung
von ihrer trostlosen Ehe

Ein Fischer und seine Frau leben an einem Kanal am Meer. Er ist den ganzen Tag auf Kabeljaufang, sie hängt währenddessen in der Hütte herum und wünscht sich, sie hätte einen besseren Ehemann an Land gezogen.

Eines Tages holt der Fischer einen Fisch ein, der sprechen kann. Der geschwätzige Fang erklärt, er sei ein verzauberter Prinz, und bittet darum, wieder freigelassen zu werden. Der Fischer ist einverstanden, weil er ohnehin keinen Appetit auf einen Hecht hat, der angeblich einmal ein Prinz war.

Aber seine Frau ist anderer Meinung. Jeder weiß doch, dass verzauberte Fische Wünsche erfüllen können. Sie schickt ihren Mann wieder hinaus aufs Meer, damit er den Fisch um ein schickes Landhaus bitte.

Heilige Makrele! Als der Fischer zurückkehrt, steht an der Stelle seiner Hütte ein Landhaus mit grauen Dachplatten, weißen Fensterläden und jeder Menge Enten und Hühnern im Hof. Endlich etwas anderes zu essen als Fisch! Der Fischer ist überglücklich. Seine Frau nur in Maßen. Soweit läuft alles reibungslos.

… aber nur für etwa eine Woche. Dann fällt der Frau des Fischers auf, dass ein Landhaus doch zu eng ist. Sie brauchten ein Schloss, um es sich richtig gemütlich machen zu können. Also schickt sie ihren Mann los, um eines zu fordern.

Allmächtiger Thunfisch! Der Fischer kehrt zurück in ein riesiges steinernes Schloss mit Dutzenden von Zimmern und hohen Türmen. Und draußen herum gibt es jetzt noch mehr zu essen: Ziegen, Kühe, Wild, einen Garten voll leckerstem Gemüse und Shitake-Pilzen. Das dürfte reichen, um ein Leben lang glücklich zu sein.

Seine Frau ist sich da nicht so sicher. Wozu ist ein Schloss gut, wenn man nicht König ist? Am nächsten Morgen trägt sie ihrem Ehemann auf, den Fisch zu bitten, er solle sie zum König machen.

Der Fischer dreht und windet sich. Er drückt sich im Schloss herum und sucht nach Ausreden. Was passierte, wenn der Fisch wütend würde? Aber seine Frau ist ganz sicher, dass der Fisch einwilligen wird, und drängt ihn hinaus.

Und als der Fischer wieder nach Hause kommt, sitzt seine Frau natürlich auf einem diamantenen Thron und führt ihm ihre goldene Krone vor.

Aber schon ist der Reiz wieder verflogen. Nun will sie Kaiser werden. Der Fischer weigert sich. Einmal muss es genug sein. Irgendwann ist jede Glückssträhne zu Ende. Seine Frau deutet auf ihre Krone, gemahnt ihn, dass er ihr Untertan sei, und schickt ihn los.

Also wieder raus aufs Meer. Als er ins Schloss zurückkehrt, findet der Fischer seine Frau hoch oben auf einem

Kaiserthron vor, umringt von einer Schar Diener und einem Heer zackiger Krieger. Nun trägt sie eine riesige, fast zwei Meter hohe Krone (und hat schreckliche Kopfschmerzen von dem Gewicht).

Aber es gibt immer noch etwas, das sie quält. In dieser Nacht liegt sie wach und wirft sich im Bett hin und her. Als die Sonne aufgeht, wird ihr klar, was es ist. Sie muss Herr der Sonne und des Mondes werden! Das ist es. Geh und bitte den Fisch!

Auf dem Meer tobt ein gewaltiger Sturm. Der Fischer zittert so sehr, dass der Fisch kaum verstehen kann, was er sagt. Doch als er den Fischer schließlich versteht, gerät er völlig außer sich.

… und erfüllt sich stattdessen seinen eigenen Wunsch. Als der Fischer wieder nach Hause kommt, findet er seine Frau in der schäbigen Hütte von einst. Dort vegetieren sie seither vor sich hin.

Das Märchen »Vom Fischer und seiner Frau« wurde von den Brüdern Grimm überliefert. Jacob und Wilhelm Grimm waren ursprünglich Bibliothekare und begannen, die alten, bis dahin als Volksgut nur mündlich überlieferten Sagen und Märchen aufzuzeichnen, ehe sie in Vergessenheit gerieten. 1812 und 1814 veröffentlichten sie zwei Bände mit 200 solcher Erzählungen. »Grimms Märchen« weisen zahlreiche Parallelen zu Erzählungen aus Frankreich und aus anderen Teilen der Welt auf.

Vom Fischer und seiner Frau – neu interpretiert

Der Fischer und seine Frau waren in einer trostlosen Ehe gefangen. Er ignorierte, dass sie unglücklich war, und blieb einfach von zu Hause weg; sie versuchte, sich von ihrer inneren Leere durch Konsumrausch und übersteigerten Ehrgeiz abzulenken.

An ihren neuen Domizilen konnten sich der Fischer und seine Frau immer nur kurz freuen, und jedes Mal währte die Freude kürzer.

Eigentlich wollte der Fischer den Prinzen nicht permanent wegen einer noch repräsentativeren Behausung nerven. Doch anstatt seine Meinung gegenüber seiner Frau offen zu vertreten und sie mit stichhaltigen, schlüssigen Argumenten zu untermauern, dachte er sich windige Ausreden aus – schwache Einwände, die sie spielend leicht entkräften konnte.

Die Frau des Fischers hatte die Hosen an, sie hatte die Finanzen unter Kontrolle und die Herrschaft über die Autoschlüssel.

Die Frau des Fischers mag eine habgierige, von übertriebenem Ehrgeiz besessene Person gewesen sein, aber zumindest besaß sie Kreativität und Energie, zwei Wesenszüge, die dem Fischer völlig fehlten. Wenn sich die beiden ergänzt hätten, hätten sie ihre Situation verbessern können (wie es ihr vorschwebte) und zum richtigen Zeitpunkt aufhören können (wie er es geraten hatte).

In Bezug auf Ehrgeiz, Temperament, Moral, Lebensführung, Persönlichkeit und Stil lag ein Ozean zwischen dem Fischer und seiner Frau. Wären sie zwei gleichwertigere Partner gewesen, hätten sie auch bessere Aussichten auf ein gemeinsames Glück gehabt.

Vom Fischer und seiner Frau – was Sie daraus lernen können

- Probleme verschwinden nicht, wenn man sie ignoriert.

- Eine äußerliche Veränderung, wie der Kauf eines schöneren Hauses oder ein weiteres Kind, kann einer problematischen Beziehung vorübergehend Auftrieb geben, sie aber nicht auf Dauer festigen. Anschaffungen und Ablenkungen ändern nichts an einer schwachen Basis.

- Bringen Sie Ihre Meinung deutlich zum Ausdruck. Begründen Sie sie mit logischen Argumenten und flüchten Sie sich nicht in windige Ausreden.

- Eine Beziehung ist eine Partnerschaft, keine Diktatur. Wenn immer nur einer sagt, wo es langgeht, werden beide das Ziel verfehlen.

- Unterschiedliche Stärken können eine Verbindung festigen, wenn beide Partner sich entfalten können.

- Den perfekten Fang haben Sie mit jemandem gemacht, der die gleichen Werte vertritt und Ihre Vorstellungen der Lebensgestaltung teilt.

Give me a cave up in the mountains,
Or a shack down by the sea.
And I will be in heaven, honey,
If you are there with me.

ELVIS PRESLEY in dem Lied
»Any place is Paradise«,
geschrieben von Joe Thomas

Neunte Märchenlektion:

Versuchen Sie nicht, durch äußerliche Veränderungen Probleme zu lösen, wenn der Wurm in der Beziehung selbst steckt. Kein Geld der Welt kann zwei Partner aneinander schweißen, die nicht zusammenpassen.

Dornröschen

Einhundertsechzehnjährige trifft
doch noch die große Liebe

Ein kinderloses Königspaar bekommt endlich ein Baby. Sie geben ein großes Fest und laden alle Bekannten ein, darunter auch sieben Feen, von denen man sagt, sie brächten gute Gaben mit. Aber sie versäumen es völlig, eine achte, schon ältere, reizbare Fee einzuladen, die jeder für tot hält, weil man fünfzig Jahre nichts mehr von ihr gehört hat.

Die alte Fee, die quicklebendig und ausgesprochen boshaft ist, rauscht ungeladen herein. Sie kocht vor Wut, weil ihr das Essen nicht auf dem gleichen goldenen Teller serviert wird wie den anderen Feen. In einem Ausbruch abscheulicher Manieren und verletzter Gefühle verhängt sie einen bösen Fluch über das Kind, das sich mit einer Spindel in die Hand stechen und daran sterben soll.

Die jüngste Fee schwächt den Fluch ab: Die Prinzessin solle durch den Stich nicht sterben, sondern in einen hundertjährigen Schlaf fallen. Der König gibt sofort den Befehl, alle Spindeln aus dem Reich zu entfernen. Aber nun hat natürlich keiner mehr große Lust zu tanzen, und das Fest findet ein frühes Ende.

Die nächsten 16 Jahre geht das Leben seinen normalen Gang. Eines Tages entdeckt die Prinzessin in einer Dachkammer des Schlosses eine alte Frau, die an einem Spinnrad arbeitet. Die Prinzessin fragt sie, ob sie es denn auch einmal versuchen dürfe.

Selbstverständlich sticht sie sich dabei in die Hand und fällt sofort in tiefen Schlaf. Aber nicht nur die Prinzessin, nein, das ganze Schloss wird durch den Zauberspruch der jüngsten Fee in Schlaf versetzt. Um das Schloss herum schießt sogleich ein riesiger Schutzwall aus Bäumen in die Höhe.

Hundert Jahre später. Ein junger Prinz sieht aus dem Wald die Turmspitzen eines Schlosses aufragen. Er schlägt sich durch das Unterholz und entdeckt die schlafende Prinzessin im Schloss. Sie wacht auf, wirft einen Blick auf den Prinzen und eröffnet ihm, er sei der Mann, von dem sie die letzten hundert Jahre lang geträumt habe. Er muss zwar feststellen, dass sie von Kopf bis Fuß mit Flohmarktklamotten ausstaffiert ist und ihre Hofmusiker nur Oldies zum Besten geben, lässt sich aber davon nicht weiter beirren. Sie unterhalten sich stundenlang, verlieben sich und heiraten auf der Stelle.

Doch der Prinz bringt Dornröschen nicht mit nach Hause. Er verbirgt die Heirat vor seinen Eltern, pendelt die nächsten beiden Jahre permanent zwischen den beiden Schlössern hin und her und sucht für sein Verhalten nach Ausreden wie ein Examenskandidat, der gerade die Freude am Feiern für sich entdeckt hat.

Als sein Vater gestorben ist, bringt er Dornröschen und

die beiden Kinder, die sie in der Zwischenzeit bekommen haben, endlich mit nach Hause, um sie seiner Mutter vorzustellen. Dann zieht er in den Krieg und überträgt alle Verantwortung seiner Mutter.

Nun ist die Mutter aber zufällig eine halbe Menschenfresserin und beschließt, Dornröschen und ihre Kinder zu verspeisen. Der Koch versteckt die Familie und serviert der Mutter stattdessen köstliche Tiere, die im Wald gefangen wurden. Als sie dahinter kommt, dass sie getäuscht wurde, will sie alle zusammen in einen riesigen Kessel mit ausgehungerten Schlangen stecken und zum Abendessen garen lassen.

Genau in diesem Moment kehrt der Prinz zurück. Auf frischer Tat ertappt, wie sie gerade die ganze Familie braten will (und den besten Koch, den sie seit Jahren hatten, noch dazu), springt die Mutter selbst in den Kessel. Dornröschen und der Prinz leben von nun an glücklich bis an ihr Ende – wenn auch psychisch etwas angeschlagen.

Diese Fassung von »Dornröschen« (»La Belle au bois Dormant«) in Verbindung mit der Geschichte von der bösen Stiefmutter stammt aus der Feder von Charles Perrault. Die Geschichte von Dornröschen entstand vermutlich schon im 14. Jahrhundert.

Dornröschen – neu interpretiert

Der König und die Königin hielten die böse Fee für tot, weil sie fünfzig Jahre lang nichts von ihr gehört hatten. Doch ein Telefon ist nicht nur dazu da, Anrufe entgegenzunehmen (dasselbe gilt für Brieftauben oder Boten). Sie wussten, dass sie ihren gesellschaftlichen Verpflichtungen nicht nachgekommen waren, denn sie hätten ihr wenigstens Bescheid geben können. Indem sie nur die beliebteren Feen in ihren Kreis aufnahmen, ließen sie zu, dass eine schwierige Beziehung wie ein Desaster ausartete.

Auch wenn der König keine Kosten scheute, die Prinzessin zu retten, musste er erfahren, dass Eltern ihre Kinder nicht für alle Zeiten beschützen können. (Im Übrigen machte die Rückrufaktion für alle hölzernen Spindeln hunderte Holzschnitzer arbeitslos und bereitete der heimischen Textilindustrie den Garaus.)

Obwohl sie hundert Jahre lang von der Bildfläche verschwunden gewesen war, hatte Dornröschen keine Scheu, sich gleich nach dem Aufwachen um eine Beziehung zu bemühen. Ihre Kleider waren altmodisch, sie kannte keinen der aktuellen Hitparadenrenner und wusste rein gar nichts über die politischen Angelegenheiten, die das Königreich betrafen. Dennoch fanden sie und der Prinz reichlich Themen, um sich ausgiebig zu unterhalten, und dabei entdeckten sie genügend Gemeinsamkeiten, um sich ineinander zu verlieben.

Der Prinz verhielt sich wie ein Kind, obwohl er inzwischen Ehemann und Vater war. Er versteckte seine Frau vor seinen Eltern und übertrug seiner Mutter statt seiner Ehefrau die Herrschaft über sein Reich. Aus Unreife und Unfähigkeit, die richtigen Prioritäten zu setzen, verlor er beinahe Frau und Kinder – und letztendlich seine Mutter.

Dornröschen – was Sie daraus lernen können

- Halten Sie Kontakt zu allen Familienmitgliedern, auch zu den weniger beliebten. Ein Mangel an Kommunikation führt dazu, dass Ihnen diejenigen fremd werden, die Ihre engsten Verbündeten sein sollten, aber auch dazu, dass Sie sich von wichtigen Teilen Ihres eigenen Wesens entfremden.

- Auch wenn sie es noch so gerne versuchen würden: Ihre Eltern oder Freunde können Sie nicht davor bewahren, Ihre eigenen Erfahrungen zu machen. Machen Sie sich keine Vorwürfe, wenn Sie nicht aus den Fehlern anderer lernen.

- Es mag Ihnen zwar so vorkommen, als seien Sie schon hundert Jahre lang Single, aber das heißt nicht, dass Sie es ewig bleiben werden.

- Fassen Sie den Mut, wieder Verabredungen zu treffen, egal, wie lange Sie das nicht mehr gemacht haben. In zwischenmenschlichen Beziehungen ändert sich an den wesentlichen Dingen nichts.

- Beziehen Sie Ihre Familie ganz bewusst in Ihre neue Beziehung mit ein, indem Sie den einzelnen Familienmitgliedern neue Rollen zuteilen. Räumen Sie Ihrem Ehepartner oberste Priorität ein, aber machen Sie ihn nicht zum Gegenspieler Ihrer Verwandten.

Wer auf etwas Gutes wartet,
wartet nie zu lang.

KÖNIGIN CHRISTINE VON SCHWEDEN
zu Prinz Karl Gustav im 17. Jahrhundert

Zehnte Märchenlektion:

Hören Sie nicht auf, an die Liebe zu glauben, auch wenn es Ihnen so vorkommt, als seien Sie schon hundert Jahre lang Single. Auch wenn Sie einmal eine Weile ohne Partner sind, besagt das nichts über Ihren Wert oder Ihre Attraktivität.

Die zehn wichtigsten Märchenlektionen im Überblick

1. Lassen Sie sich von Enttäuschungen in der Vergangenheit nicht die Hoffnung auf mehr Glück in der Zukunft zerstören. Haben Sie Mut und glauben Sie an ein besseres Leben. (Aschenputtel)

2. Es gibt jemanden, dessen Idealvorstellung Sie entsprechen, so wie Sie sind. Warten Sie, bis Sie diesem Menschen begegnen. (Die Prinzessin auf der Erbse)

3. Handeln Sie nicht gegen Ihre Überzeugung, um einen Mann für sich zu »gewinnen«. Sie können niemals gewinnen, wenn Sie sich dabei selbst verlieren. (Die kleine Seejungfrau)

4. Bleiben Sie Ihren höchsten Werten treu, egal wie unbedeutend Ihnen ein bestimmtes Ereignis oder eine bestimmte Handlung auch vorkommt. Sie können nie wissen, ob Sie dabei nicht die große Liebe treffen. (Die Geschenke der Fee)

5. Warten Sie, bis Sie demjenigen begegnen, bei dem Sie – nicht Ihre Freunde oder Familie – das Gefühl haben, er sei der Richtige. Auch wenn es Ihnen so vorkommt, als wären Sie schon mit jedem Mann (und Maulwurf) der Stadt aus gewesen, es gibt irgendwo den, der genau zu Ihnen passt. (Däumelinchen)

6. Eine schlechte Erfahrung mit einem Mann darf Sie nicht dazu verleiten, dem nächsten zu misstrauen. Nicht alle Männer sind gleich. (Gracieuse und Percinet)

7. Bemühen Sie sich, eher die guten Seiten an einem Menschen wahrzunehmen als die schlechten. Man kann nie wissen, in welche Richtung sich eine Beziehung entwickelt. (Die Schöne und das Biest)

8. Fordern Sie von anderen keine Liebesbeweise. Vertrauensprüfungen und Wahrheitstests lassen Argwohn entstehen, aber niemals Hingabe. (König Blaubart)

9. Versuchen Sie nicht, durch äußere Veränderungen Probleme zu lösen, wenn der Wurm in der Beziehung selbst steckt. Kein Geld der Welt kann zwei Partner aneinander schweißen, die nicht zusammenpassen. (Vom Fischer und seiner Frau)

10. Hören Sie nicht auf, an die Liebe zu glauben, auch wenn es Ihnen so vorkommt, als seien Sie schon hundert Jahre lang Single. Auch wenn Sie einmal eine Weile ohne Partner sind, besagt das nichts über Ihren Wert oder Ihre Attraktivität. (Dornröschen)

Nachwort

Dieses Buch enthält nicht nur Spielregeln, wie man die Liebe findet, sondern auch, wie man sie auf Dauer bewahrt. Selbst Aschenputtel, das Urbild des armen Mädchens, das das große Glück findet, legte ihr Wesen nicht ab, als sie in den gläsernen Pantoffel schlüpfte. Sicher, sie zog den Prinzen an Land, aber sie begab sich dadurch inmitten eines Klüngels von Frauen, die allesamt ihr Herz an den frisch gebackenen Ehemann verloren hatten. Wer weiß, welche gesellschaftliche Isolation sie ertragen musste? Und dann der Tratsch. Die hinterhältigen Anfeindungen. Die abfälligen Bemerkungen über ihre schlechte Schulbildung und ihren bescheidenen beruflichen Werdegang. Und das Gerede über die sozialen Unterschiede! Aschenputtel hatte mit ihrer Zofe mehr gemein als mit ihrem Ehemann. Und wenn wir schon beim Traumprinzen sind, was glauben Sie, wie egozentrisch er wohl war. Er, der in einem Schloss voller Speichellecker aufgewachsen war, die ihm jeden Wunsch von den Augen ablasen. Eine andere Frau (zum Beispiel eine ihrer Stiefschwestern) hätte diese Beziehung vermutlich mit ihren ständigen Vorwürfen ruiniert.

Tatsache ist, dass es nicht *den einen* Verehrer oder *die eine* Situation gibt, durch den oder die man das große Glück findet. Für das Happy End müssen Sie schon selbst sorgen. Da ist es gut zu wissen, wie man das macht. Die Eigenschaften, die Sie zur Ballschönheit machen, sind mehr oder weniger die gleichen, die letztlich auch die Grundlage für eine dauerhafte Liebe sind: Geben Sie Ihrer Beziehung die Freiheit, sich nach den ihr eigenen Regeln und Möglichkeiten zu entwickeln, und messen Sie sie nicht dauernd an irgendeiner utopischen Idealvorstellung. Sehen Sie das Positive an Ihrem Partner und Ihrer Situation. Machen Sie das Beste aus dem, was sich ergibt. Bleiben Sie Ihren eigenen Idealen treu. Seien Sie zuallererst einmal aufgeschlossen und freundlich, und sparen Sie sich die Fragen für später auf.

Jedes Mal, wenn ich eines dieser Märchen lese, entdecke ich darin neue »Lektionen«, die zu den Fragen passen, die mich in diesem Moment gerade besonders beschäftigen. Ich hoffe, Sie nutzen dieses Buch auf dieselbe Weise. Machen Sie nicht den Fehler, diese Märchen, gleich kurz nachdem Sie sich glücklich verliebt haben, zur Seite zu legen wie alte Schulhefte, die man nach bestandener Prüfung nicht mehr braucht. Vielleicht heiraten Sie ja wirklich den perfekten Prinzen aus einem idyllischen Inselparadies, doch trotzdem liegt es in Ihrer Hand, ob Sie glücklich bleiben. Lassen Sie sich von diesen zuversichtlichen, unverdrossenen Frauen immer wieder neu inspirieren und dazu anspornen, Ihre besten Seiten zum Strahlen zu bringen.